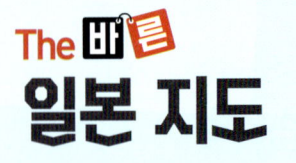

The 바른

일본 지도

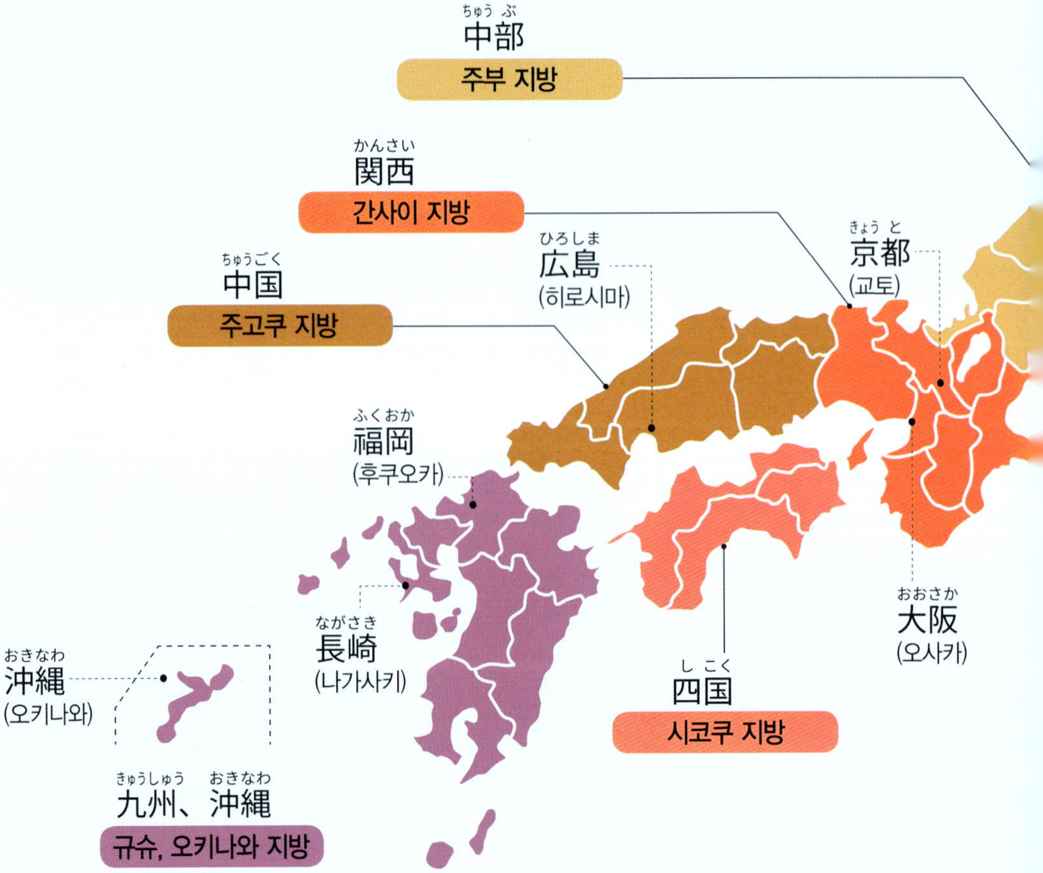

ちゅう ぶ
中部
주부 지방
かんさい
関西
간사이 지방
ちゅうごく
中国
주고쿠 지방
ひろしま
広島
(히로시마)
きょう と
京都
(교토)
ふくおか
福岡
(후쿠오카)
ながさき
長崎
(나가사키)
おおさか
大阪
(오사카)
おきなわ
沖縄
(오키나와)
し こく
四国
시코쿠 지방
きゅうしゅう おきなわ
九州、沖縄
규슈, 오키나와 지방

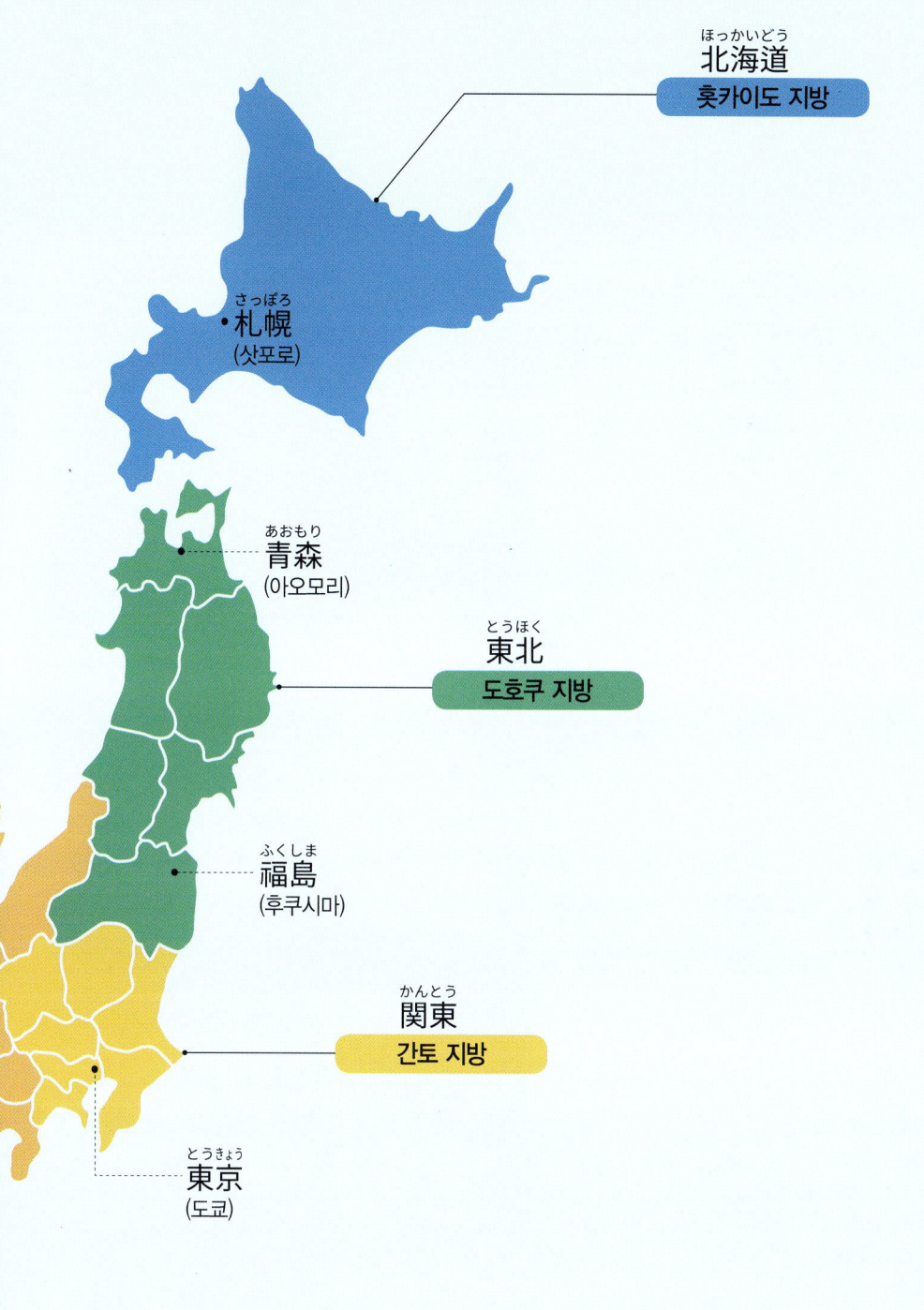

일본어 STEP 3

초판인쇄	2022년 02월 25일
지은이	서유리, 박은숙, 김귀자
펴낸이	임승빈
편집책임	정유항, 김하진
편집진행	이승연
디자인	다원기획
일러스트	강지혜
마케팅	염경용, 이동민, 김소연
펴낸곳	ECK북스
주소	서울시 마포구 창전로2길 27 [04098]
대표전화	02-733-9950
팩스	02-6394-5801
홈페이지	www.eckbooks.kr
이메일	eck@eckedu.com
등록번호	제 2020-000303호
등록일자	2000. 2. 15
ISBN	979-11-6877-013-3
	978-89-92281-93-5 (세트)
정가	15,000원

* ECK북스는 (주)이씨케이교육의 도서출판 브랜드로, 외국어 교재를 전문으로 출판합니다.
* 이 책의 모든 내용, 디자인, 이미지 및 구성의 저작권은 ECK북스에 있습니다.
* 출판사와 저자의 사전 허가 없이 이 책의 일부 또는 전부를 복제, 전재, 발췌하면 법적 제재를 받을 수 있습니다.
* 잘못된 책은 구입하신 서점에서 교환해 드립니다.

— 서유리, 박은숙, 김귀자 지음 —

지은이의 말

　한국어와 어순이 같고 가장 친근한 외국어 중 하나인 일본어. 애니메이션이나 영화, 드라마, J-Pop 등을 통해 접하기 쉬운 언어임에도 한국어로는 표현하기 어려운 수동 표현이나, 상대를 높이거나 나를 낮춰서 말하는 경어 표현 등에서 점점 어려움을 느끼며 일정 수준 이상의 레벨 향상은 포기하게 되는 경우가 많습니다.

　『New The 바른 일본어 Step1, 2, 3』는 일본어를 배우면서 어렵다고 느꼈던 부분들을 간단하게 정리하여 이해하기 쉽도록 구성되어 있습니다. 일상생활에서 바로 활용할 수 있는 표현으로 구성하여 학습한 일본어와 현지에서 사용하는 일본어의 차이를 최대한 줄였습니다. 특히, 방대한 설명으로 느껴지는 피로감을 최소화시키면서 간단한 문형 활용으로 자연스러운 회화를 구사할 수 있도록 하기 위한 수많은 고민 끝에 만들어진 학습서입니다.

　『New The 바른 일본어 Step3』에서도 마찬가지로, Step2에서 배운 내용을 한 번 더 정리하고 스스로의 레벨을 체크할 수 있는 '예비 학습'이 수록되어 있습니다. 문법적인 내용과 표현은 간단하고 실제 회화에서 활용할 수 있는 어휘의 양은 풍부하게 구성하였으며, 쓰기와 독해 등으로 다양한 문장을 접할 수 있도록 자연스러운 학습 효과를 높였습니다.

1. Step2에서 배운 핵심 내용 복습하기
　외국어 학습에서 중요한 것 중 하나가 바로 '반복'입니다. 쉽게 느껴지는 어휘와 표현일지라도 정확하고 망설임 없이 말할 수 있는 튼튼한 기초가 무엇보다 중요합니다.
　예비 학습에서는 Step2에서 나온 초중급 핵심 내용만을 정리해 놓았습니다.

2. 다양한 표현 익히기
　'이것만은 꼭꼭'에서 학습한 핵심 표현을 활용하여 회화 연습을 위한 '입에 착착', 듣기 연습을 위한 '귀에 쏙쏙', 작문 연습을 위한 '손으로 쓱쓱', 독해 연습을 위한 '눈으로 척척' 순서로 구성했습니다.

3. 속담과 관용 표현 익히기

각 과의 마지막에 나오는 쉬어가기(一休み) 중, '어휘 톡톡'에서는 한국어와 비슷하거나 차이가 있는 익숙한 표현들을 익힐 수 있도록 준비했습니다. 온천 여행에서 활용할 수 있는 어휘나 기념품으로 줄 수 있는 작은 선물, 업무에서 활용할 수 있는 비즈니스 표현 등도 함께 확인할 수 있습니다.

4. 일본 특유의 문화 이해하기

일본에서만 사용하는 연호(和曆)나 선물로 주고받는 다양한 장식품에는 어떤 것들이 있는지 알아보고 연하장을 직접 써 보기도 하면서 일본 문화를 자연스럽게 이해할 수 있도록 준비했습니다.

『New The 바른 일본어 Step1, 2, 3』를 통해서 일본어 만년 초보가 아닌 쉽고 재미있게 다음 스텝으로 쑥쑥 올라갈 수 있기를 바라며, 일본 문화에 대한 넓은 식견을 기를 수 있기를 바랍니다. 또한, 일본어를 통해서 여러분이 글로벌 시대의 주역이 되는데 조금이나마 도움이 될 수 있으면 좋겠습니다.

마지막으로 『New The 바른 일본어 Step1, 2, 3』가 완성되기까지 다양한 의견을 제공해 준 학생들과 물심양면으로 응원을 아끼지 않은 ECK교육 임승빈 대표님 및 관계자분들을 비롯하여 디자인과 편집에 많은 도움을 주신 이승연 실장님께도 진심으로 감사드립니다.

여러분의 일본어 실력이 한 걸음 더 향상되기를 기원합니다.

저자 일동

이 책의 소개 및 활용법

본책

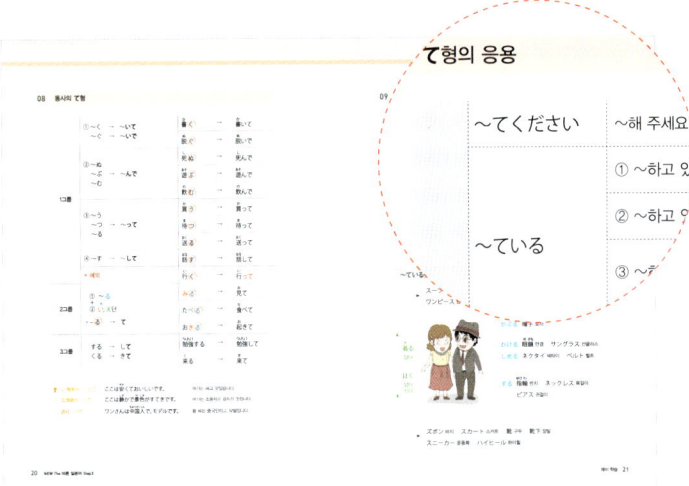

예비 학습

본 학습에 들어가기 전, Step 2 핵심 문형과 문법을 간략하게 정리하여 초중급 단계를 더욱 튼튼하게 복습해 봅니다.

QR 코드를 찍어서 원어민 발음을 익혀 보세요.

Key point

각 과의 핵심이 되는 문장과 주요 문형을 알아봅니다. 복습할 때, Key point만 기억해도 도움이 됩니다.

회화

다양한 주제별 대화문을 통해 생활 표현 및 핵심 표현을 학습합니다.

이것만은 꼭꼭

핵심 문법과 문형을 간결한 설명과 다양한 예문으로 알아봅니다.

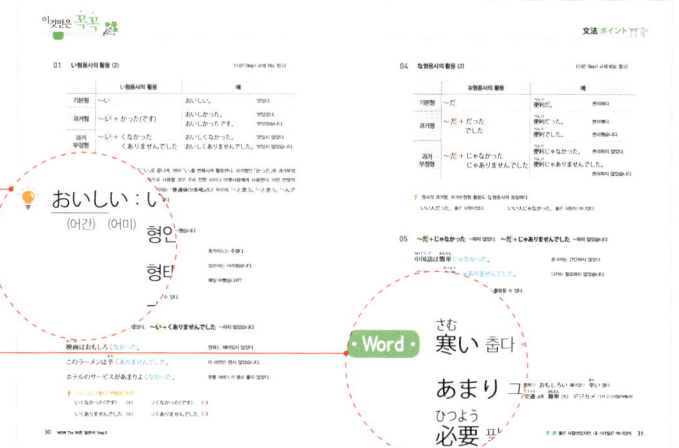

💡 : 문법과 문형이 어렵게 느껴지지 않도록 간결한 핵심을 제시합니다.

• Word • : 단어와 표현을 반복적으로 제시함으로써 단어의 숙지를 자연스럽게 도와줍니다.

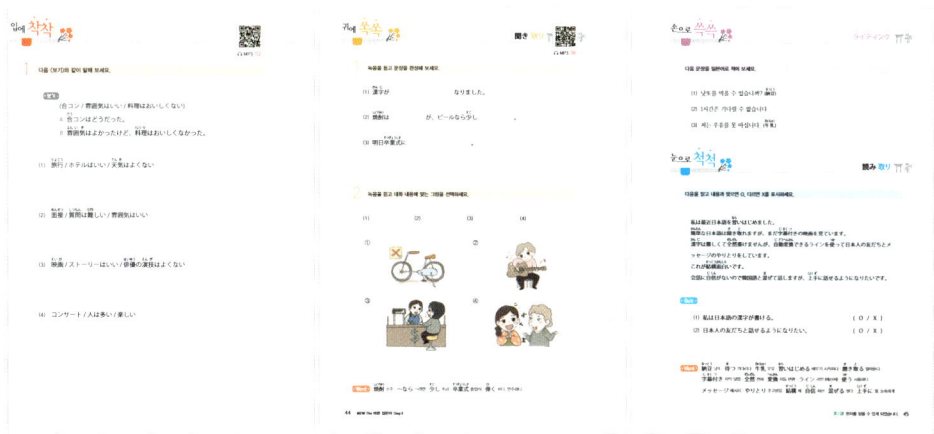

다양한 연습 문제 풀이

입에 착착 '이것만은 꼭꼭'에서 배운 핵심 표현으로 자유롭게 말하기 연습을 합니다.
충분한 연습 후, QR 코드로 원어민 발음을 확인해 보세요.

귀에 쏙쏙 녹음을 듣고 학습한 단어와 문형, 그림 선택의 문제 풀이로 청취력을 테스트합니다.

손으로 쓱쓱 문장을 일본어로 적어보는 연습을 합니다.

눈으로 척척 독해 연습으로, 제시된 일본어 상황을 읽고 O, X 문제를 풀어봅니다.

이 책의 소개 및 활용법

어휘/문화 톡톡

어휘 톡톡 : 그림을 활용한 다양한 단어와 회화에서 바로 활용할 수 있는 어휘 등을 알아봅니다.

문화 톡톡 : 일본의 다양한 문화를 알아봅니다.

부록

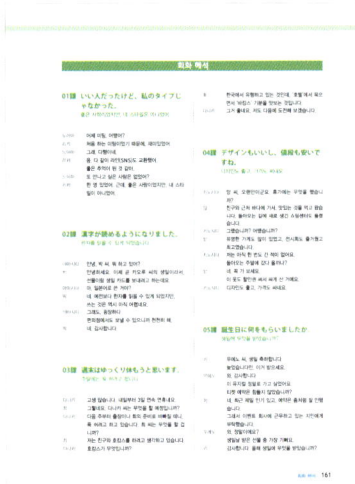

회화 해석

각 과의 회화문에 대한 해석으로, 해석만을 보고 일본어로 바꾸는 연습도 가능합니다.

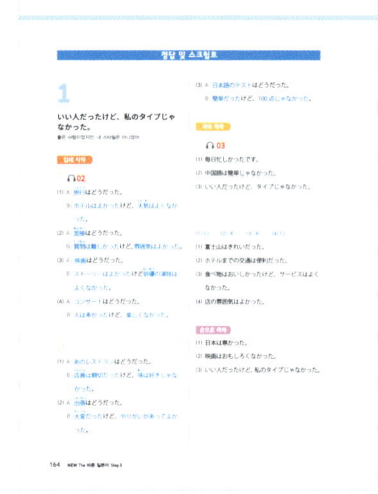

정답 및 스크립트

'입에 착착(말하기 연습)'의 스크립트와 '귀에 쏙쏙(듣기 연습)'의 정답과 스크립트를 알아봅니다.

워크북

각 과별 '핵심 단어'와 '이것만은 꼭꼭'의 주요 문형 및 문법을 간편하게 학습할 수 있는 포켓용 워크북을 제공합니다.

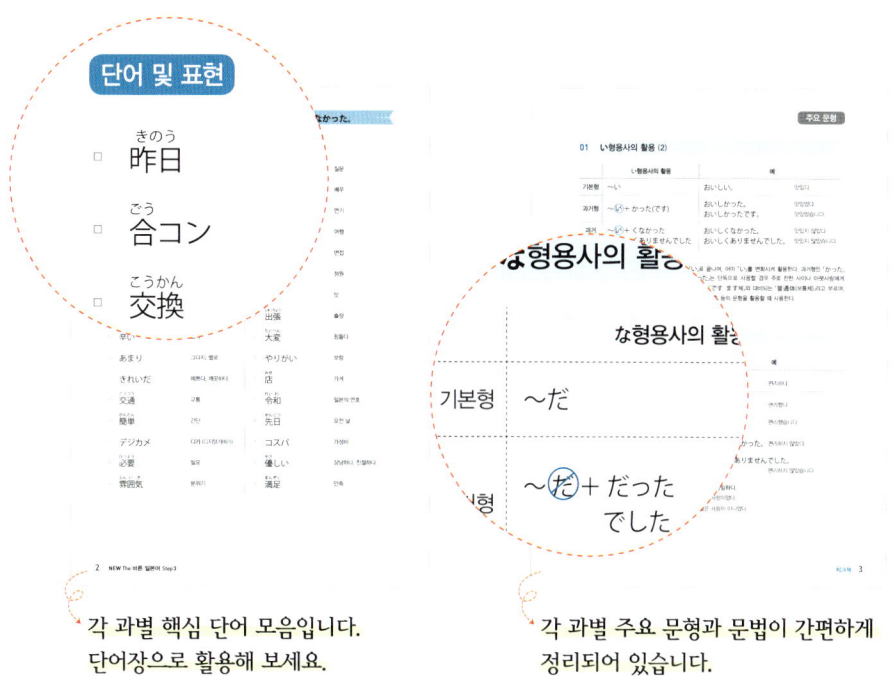

각 과별 핵심 단어 모음입니다.
단어장으로 활용해 보세요.

각 과별 주요 문형과 문법이 간편하게 정리되어 있습니다.

MP3 다운로드 방법

본 교재의 MP3 파일은 www.eckbooks.kr에서 무료로 다운로드 받을 수 있습니다.
QR 코드를 찍으면 다운로드 페이지로 이동합니다.

Contents

지은이의 말 ··· 6

이 책의 소개 및 활용법 ··· 8

• 예비 학습
Step2 핵심 내용 복습하기 ·· 14

• 본 학습

01 いい人だったけど、私のタイプじゃなかった。
좋은 사람이었지만, 내 스타일은 아니었어. ·· 28

이것만은 꼭꼭　い형용사의 활용 (2) | ~い+かった ~했다, ~い+かったです ~했습니다 | ~い+くなかった ~하지 않았다, ~い+くありませんでした ~하지 않았습니다 | な형용사의 활용 (2) | ~な+じゃなかった ~하지 않았다, ~な+じゃありませんでした ~하지 않았습니다

02 漢字が読めるようになりました。 한자를 읽을 수 있게 되었습니다. ············ 38

이것만은 꼭꼭　가능 표현 (1) | 가능 표현 (2) | 동사의 가능형+~ようになる ~할 수 있게 되다

03 週末はゆっくり休もうと思います。 주말에는 푹 쉬려고 합니다. ················ 48

이것만은 꼭꼭　동사의 의지형 ~해야지 [의지] / ~하자 [권유] | 동사의 의지형+~と思う ~하려고 생각하다 | 동사의 기본형+つもりだ ~할 작정이다/생각이다 | 동사의 기본형+予定だ ~할 예정이다

04 デザインもいいし、値段も安いですね。 디자인도 좋고, 가격도 싸네요. ········· 58

이것만은 꼭꼭　보통형의 종류와 활용 | 보통형+~と言う ~라고 하다/말하다 | 보통형+かどうか ~(일)지 어떨지, ~할지 말지 | ~し ~(이)고, ~인 데다가

05 誕生日に何をもらいましたか。 생일에 무엇을 받았습니까? ···················· 68

이것만은 꼭꼭　수수동사 (Give & Take 동사) (1) | だけ / ばかり ~뿐, ~만 | 中의 다양한 의미 ① 안, 속 ② ~하는 중 ③ 전체

06 友だちがてるてる坊主を作ってくれました。
친구가 '테루테루보즈'를 만들어 주었습니다. ·· 78

이것만은 꼭꼭　수수동사 (Give & Take 동사) (2) | ~とか ~라든가/든지, ~ 등 | ~ために ① ~ 위해서 [목적] ② ~ 때문에 [원인, 이유]

07 天気が良ければ、ドライブに行きたいです。 날씨가 좋으면, 드라이브하러 가고 싶어요. ················· 88

　이것만은 꼭꼭　가정조건 표현 (~ば) ~하면 ǀ ~ば…ほど ~하면 …할수록 ǀ
　　　　　　　　~なければならない ~하지 않으면 안 된다, ~해야 한다

08 ユキさんは最近恋愛しているそうです。 유키 씨는 요즘 연애하고 있다고 합니다. ······ 98

　이것만은 꼭꼭　そうだ ⑴ ~(라)고 하다 [전문] ǀ らしい ~(인) 것 같다

09 暖かそうですね。 따뜻할 것 같아요. (따뜻해 보여요.) ·· 108

　이것만은 꼭꼭　そうだ ⑵ ~해 보이다, ~(일) 것 같다/듯하다 [양태] ǀ そうだ의 활용 ǀ
　　　　　　　　そうだ의 부정

10 道が混んでいるみたいです。 길이 막히는 것 같습니다. ······························ 118

　이것만은 꼭꼭　ようだ/みたいだ ~(인) 것 같다, ~(일) 것 같다 ǀ ようだ/みたいだ의 활용

11 バレンタインデーに告白されました。 밸런타인데이에 고백받았습니다. ··················· 128

　이것만은 꼭꼭　동사의 수동형 ~함을 받다, ~해지다(당하다) ǀ 피해의 수동

12 何を習わせたいですか。 무엇을 배우게 하고 싶습니까? ·································· 138

　이것만은 꼭꼭　동사의 사역형 ~하게 하다, 시키다 [강제, 허락] ǀ 동사의 사역수동형
　　　　　　　　(어쩔 수 없이, 억지로) ~하게 되다 ǀ ~させてください ~하게 해 주세요

13 少々お待ちください。 잠시만 기다려주십시오. ·· 148

　이것만은 꼭꼭　경어(敬語)의 종류와 형태 ǀ 존경어: お/ご + ます형 (한자어)+~になる ~하시다 ǀ
　　　　　　　　존경어: お/ご + ます형 (한자어)+~ください ~해 주십시오 ǀ
　　　　　　　　겸양어: お/ご + ます형 (한자어)+~する(いたす) ~하다 ǀ 특별한 존경어와 겸양어

• **부록** ·· 160

　　　　회화 해석 ǀ 정답 및 스크립트

• **별책 : 워크북**

예비학습

Step2 핵심 내용 복습하기

- 시제 표현
- 날짜/요일 표현
- い형용사의 활용
- な형용사의 활용
- 동사의 종류와 ます형
- ます의 활용
- ます형 응용
- 동사의 て형
- て형의 응용
- 동사의 た형
- た형의 응용
- 가정표현
- 동사의 ない형
- ない형의 응용
- ~かもしれない
- ~なる
- 보통형 + ~と思(おも)う

01 시제 표현

<ruby>昨日<rt>きのう</rt></ruby>	어제	<ruby>今日<rt>きょう</rt></ruby>	오늘	<ruby>明日<rt>あした</rt></ruby>	내일
<ruby>先週<rt>せんしゅう</rt></ruby>	지난주	<ruby>今週<rt>こんしゅう</rt></ruby>	이번 주	<ruby>来週<rt>らいしゅう</rt></ruby>	다음 주
<ruby>先月<rt>せんげつ</rt></ruby>	지난달	<ruby>今月<rt>こんげつ</rt></ruby>	이번 달	<ruby>来月<rt>らいげつ</rt></ruby>	다음 달
<ruby>去年<rt>きょねん</rt></ruby>・<ruby>昨年<rt>さくねん</rt></ruby>	작년	<ruby>今年<rt>ことし</rt></ruby>	올해	<ruby>来年<rt>らいねん</rt></ruby>	내년

02 날짜/요일 표현

📢 <ruby>何月<rt>なんがつ</rt></ruby>ですか。 몇 월입니까?

| <ruby>1月<rt>いちがつ</rt></ruby> | <ruby>3月<rt>さんがつ</rt></ruby> | <ruby>5月<rt>ごがつ</rt></ruby> | <ruby>7月<rt>しちがつ</rt></ruby> | <ruby>9月<rt>くがつ</rt></ruby> | <ruby>11月<rt>じゅういちがつ</rt></ruby> |
| <ruby>2月<rt>にがつ</rt></ruby> | <ruby>4月<rt>しがつ</rt></ruby> | <ruby>6月<rt>ろくがつ</rt></ruby> | <ruby>8月<rt>はちがつ</rt></ruby> | <ruby>10月<rt>じゅうがつ</rt></ruby> | <ruby>12月<rt>じゅうにがつ</rt></ruby> |

📢 <ruby>何日<rt>なんにち</rt></ruby>/<ruby>何曜日<rt>なんようび</rt></ruby>ですか。 며칠/무슨 요일입니까?

<ruby>日曜日<rt>にちようび</rt></ruby>	<ruby>月曜日<rt>げつようび</rt></ruby>	<ruby>火曜日<rt>かようび</rt></ruby>	<ruby>水曜日<rt>すいようび</rt></ruby>	<ruby>木曜日<rt>もくようび</rt></ruby>	<ruby>金曜日<rt>きんようび</rt></ruby>	<ruby>土曜日<rt>どようび</rt></ruby>
		1 ついたち	2 ふつか	3 みっか	4 よっか	5 いつか
6 むいか	7 なのか	8 ようか	9 ここのか	10 とおか	11 じゅういちにち	12 じゅうににち
13 じゅうさんにち	14 じゅうよっか	15 じゅうごにち	16 じゅうろくにち	17 じゅうしちにち	18 じゅうはちにち	19 じゅうくにち
20 はつか	21 にじゅういちにち	22 にじゅうににち	23 にじゅうさんにち	24 にじゅうよっか	25 にじゅうごにち	26 にじゅうろくにち
27 にじゅうしちにち	28 にじゅうはちにち	29 にじゅうくにち	30 さんじゅうにち	31 さんじゅういちにち		

03 い형용사의 활용

	い형용사의 활용	예	
기본형	～い	おいしい。	맛있다.
정중형	～い + です	おいしいです。	맛있습니다.
부정형	～い̸ + くありません	おいしくありません。	맛있지 않습니다.
명사 수식	～い + 명사	おいしいパン	맛있는 빵
연결형	～い̸ + くて	おいしくて	맛있고, 맛있어서
과거형	～い̸ + かったです	おいしかったです。	맛있었습니다.
과거 부정형	～い̸ + くなかったです 　　　くありませんでした	おいしくなかったです。 おいしくありませんでした。	맛있지 않았습니다.

	い형용사의 활용	예		
기본형	～い	いい。		좋다.
정중형	～い + です	いいです。		좋습니다.
부정형	～い̸ + くありません	いくありません。 よくありません。	(X) (O)	좋지 않습니다.
명사 수식	～い + 명사	いい人		좋은 사람
연결형	～い̸ + くて	いくて よくて	(X) (O)	좋고, 좋아서
과거형	～い̸ + かったです	いかったです。 よかったです。	(X) (O)	좋았습니다.
과거 부정형	～い̸ + くなかったです 　　　くありませんでした	いくなかったです。 よくなかったです。 よくありませんでした。	(X) (O) (O)	좋지 않습니다.

💡 いい(좋다)는 활용에 주의!

04　な형용사의 활용

	な형용사의 활용	예	
기본형	~だ	便利だ。	편리하다.
정중형	~だ + です	便利です。	편리합니다.
부정형	~だ + じゃありません	便利じゃありません。	편리하지 않습니다.
명사 수식	~だ + な + 명사	便利な~	편리한 ~
연결형	~だ + で	便利で~	편리하고, 편리해서
과거형	~だ + でした	便利でした。	편리했습니다.
과거 부정형	~だ + じゃありませんでした / じゃなかったです	便利じゃありませんでした。	편리하지 않았습니다.

💡 「を(을/를)」로 해석이 되지만, 「が(이/가)」를 써야 하는 な형용사에 주의!

- ・~が 好きだ　~을/를 좋아하다　　↔　・~が きらいだ　~을/를 싫어하다
- ・~が 上手だ　~을/를 잘하다(능숙하다)　↔　・~が 下手だ　~을/를 못하다(서투르다)
- ・~が 得意だ　~을/를 잘하다(특기, 장기)　↔　・~が 苦手だ　~을/를 잘 못 하다(어렵거나 대하기 싫은 것)

05　동사의 종류와 ます형

• 동사의 종류

1그룹	• 2, 3그룹을 제외한 나머지 동사 ① あ・う・お단(모음) + る ② る로 끝나지 않는 동사	① 分かる　作る　乗る… ② 行く　会う　待つ　話す…
	• 예외 1그룹 (★1) 형태는 2그룹, 활용은 1그룹	帰る　入る　走る　切る…
2그룹	① ~る 　+ ② い, え단　(①, ② 두 조건을 모두 충족 시키는 것이 2그룹 동사)	みる　たべる　おきる…
3그룹	• する　くる	運動する　勉強する　来る…

• 동사의 ます형

1그룹	• う단(모음) → い단(모음) + ます	乗る → 乗ります 行く → 行きます 待つ → 待ちます 飲む → 飲みます 話す → 話します
	• 예외 1그룹 (★1)	帰る → 帰ります 入る → 入ります 走る → 走ります
2그룹	① ~る 　+ ② い, え단 • ~る → ます	みる → 見ます たべる → 食べます おきる → 起きます
3그룹	• する → します • くる → きます	勉強する → 勉強します 来る → 来ます

06 ます의 활용

①	현재형	～ます	～합니다 / ～하겠습니다
②	부정형	～ません	～하지 않습니다 / ～하지 않겠습니다
③	과거형	～ました	～했습니다
④	과거 부정형	～ませんでした	～하지 않았습니다

💡 **ます형의 현재형은 미래형도 포함!**
明日、何を しますか。 내일 무엇을 합니까(하겠습니까)?

07 ます형 응용

ます형+	～にいく	～하러 가다	飲みにいく。	마시러 가다.
	～ましょう	～합시다	飲みましょう。	마십시다.
	～ましょうか	～할까요?	飲みましょうか。	마실까요?
	～ませんか	～하지 않겠습니까?	飲みませんか。	마시지 않겠습니까?
	～たい	～하고 싶다	行きたい	가고 싶다
	～ながら	～하면서	行きながら	가면서
	～やすい	～하기 쉽다	飲みやすい	마시기 쉽다
	～にくい	～하기 어렵다	飲みにくい	마시기 어렵다
	～すぎる	너무(지나치게) ～하다	飲みすぎる	너무 많이 마시다
	～方	～하는 방법	飲み方	마시는 방법

08　동사의 て형

1그룹	① ～く → ～いて 　 ～ぐ → ～いで	書く → 書いて 脱ぐ → 脱いで			
	② ～ぬ 　 ～ぶ → ～んで 　 ～む	死ぬ → 死んで 遊ぶ → 遊んで 飲む → 飲んで			
	③ ～う 　 ～つ → ～って 　 ～る	買う → 買って 待つ → 待って 送る → 送って			
	④ ～す → ～して	話す → 話して			
	＊ 예외	行く → 行って			
2그룹	① ～る 　＋ ② い, え단 ・～る → て	みる → 見て たべる → 食べて おきる → 起きて			
3그룹	する → して くる → きて	勉強する → 勉強して 来る → 来て			

💡　い형용사 : ~くて　　ここは安くておいしいです。　　　여기는 싸고 맛있습니다.
　　 な형용사 : ~で　　　ここは静かで景色がすてきです。　　여기는 조용하고 경치가 멋집니다.
　　 명사 : ~で　　　　　ワンさんは中国人で、モデルです。　왕 씨는 중국인이고, 모델입니다.

09 て형의 응용

て형+	～てください	～해 주세요		待ってください。	기다려 주세요.
	～ている	① ～하고 있다 [진행]		見ています。	보고 있습니다.
		② ～하고 있다 [습관·계속]		勤めています。	근무하고 있습니다.
		③ ～하고 있다 [상태] 　～져 있다 　～했다		知っています。 落ちています。 結婚しています。	알고 있습니다. 떨어져 있습니다. 결혼했습니다.
	～てみる	～해 보다		行ってみませんか。	가 보지 않겠습니까?
	～てもいい	～해도 좋다, 된다 [허가]		借りてもいいですか。	빌려도 됩니까?
	～てはいけない	～해서는 안 된다 [금지]		撮ってはいけません。	찍어서는 안됩니다.
	～てしまう	～해 버리다		遅れてしまいました。	늦어버렸습니다.

～ている 人(ひと) : ～하고 있는 사람

スーツ 정장　ブラウス 블라우스　シャツ 셔츠
ワンピース 원피스　コート 코트 …

かぶる : 帽子(ぼうし) 모자

かける : 眼鏡(めがね) 안경　サングラス 선글라스

しめる : ネクタイ 넥타이　ベルト 벨트

する : 指輪(ゆびわ) 반지　ネックレス 목걸이
　　　ピアス 귀걸이

着る(きる) 입다

はく 입다 신다

ズボン 바지　スカート 스커트　靴 구두　靴下 양말
スニーカー 운동화　ハイヒール 하이힐

10 동사의 た형

1그룹	① ~く → ~いた 　 ~ぐ → ~いだ	書く → 書いた 脱ぐ → 脱いだ		
	② ~ぬ 　 ~ぶ → ~んだ 　 ~む	死ぬ → 死んだ 遊ぶ → 遊んだ 飲む → 飲んだ		
	③ ~う 　 ~つ → ~った 　 ~る	買う → 買った 待つ → 待った 送る → 送った		
	④ ~す → ~した	話す → 話した		
	※ 예외	行く → 行った		
2그룹	① ~る 　 + ② い, え단 ・~る → た	みる → 見た たべる → 食べた おきる → 起きた		
3그룹	する → した くる → きた	勉強する → 勉強した 来る → 来た		

💡 い형용사 : ~かった　　あそこのラーメン、おいしかった。　　저기 라면, 맛있었어(맛있었다).
　 な형용사 : ~だった　　そのホテルはとても静かだった。　　그 호텔은 매우 조용했어(조용했다).
　 명사 : ~だった　　キムさんの息子はまだ小学生だった。　　김 씨의 아들은 아직 초등학생이었어(초등학생이었다).

11 た형의 응용

た형+	～たことがある	～한 적이 있다	行ったことがある。 간 적이 있다.
	～た＋명사	～한(했던) 명사	電話した時 전화했을 때
	～たり～たりする	～(하)거나 ～하거나 하다	音楽を聞いたり映画を見たりします。 음악을 듣거나 영화를 보거나 합니다.
	～た方がいい	～하는 편이 좋다(낫다)	早く帰った方がいいですよ。 빨리 돌아가는 편이 좋겠습니다.

💡 い형용사 : ～かったり
　 な형용사 : ～だったり
　 명사 : ～だったり

仕事は忙しかったり、暇だったりします。 일은 바쁘기도 하고, 한가하기도 합니다.

あの人は作家だったり、医者だったりします。
저 사람은 작가이기도 하고, 의사이기도 합니다.

12 가정표현 (と・なら・たら・ば)　　　　　　　(ば : Step3 7과)

(1) **と** : ～(하)면

このボタンを押すと、氷が出ます。　　　이 버튼을 누르면, 얼음이 나옵니다.

春になると、暖かくなります。　　　봄이 오면, 따뜻해집니다.

まっすぐ行くと、すぐ右にコンビニが見えます。　곧장 가면, 바로 오른쪽에 편의점이 있습니다.

💡 「と」는 필연적이고 예측 가능한 경우에 사용하며, 주로 '기계조작, 자연현상, 길 안내' 등에 많이 사용한다!

(2) **～なら** : ～라면

A : 新しいケータイが買いたい。　　　새 휴대폰을 사고 싶어.
B : ケータイを買うなら、学校前のお店が安いですよ。 휴대폰을 살 거라면, 학교 앞 가게가 싸요.
A : 今日は親子丼を作りますね。　　　오늘은 오야코동을 만들게요.
B : それなら私も手伝いますよ。　　　그렇다면 저도 도울게요.

💡 일본어 가정(조건) 표현 중 「〜なら」는 상대가 말한 내용이나 단어를 다시 말해 조언이나 의견을 말할 때 주로 사용한다! [앵무새 용법 (オウム返(がえ)し)]

い형용사	おいしいなら〜	맛있으면
な형용사	大変(たいへん)なら〜	힘들면
명사	うそなら〜	거짓말이라면

(3) 〜たら : 〜하면, 〜한다면 / 〜더니, 〜니까

パクさんが来(き)たら出発(しゅっぱつ)しましょう。 　박 씨가 오면 출발합시다.

宝(たから)くじに当(あ)たったら何(なに)が買(か)いたいですか。 　복권에 당첨되면 무엇을 사고 싶습니까?

駅(えき)に着(つ)いたら連絡(れんらく)ください。 　역에 도착하면 연락 주세요.

💡 「〜たら」형은 상대에게 제안, 충고, 명령하거나 본인의 의지 또는 희망할 때 사용한다.

い형용사 : 〜かったら　　よかったら一緒(いっしょ)に行(い)きませんか。　　괜찮으면 같이 가지 않겠습니까?
な형용사 : 〜だったら　　もしだめだったら教(おし)えてください。　　혹시 안되면 알려주세요.
명사 : 〜だったら　　明日(あした)も休(やす)みだったら、いいのに。　　내일도 휴가면 좋을 텐데.

昨日(きのう)デパートへ行(い)ったら、定休日(ていきゅうび)でした。 　어제 백화점에 갔더니, 정기휴일이었습니다.

この目薬(めぐすり)を入(い)れたら、大丈夫(だいじょうぶ)になりました。 　이 안약을 넣었더니, 괜찮아졌습니다.

💡 「〜たら」문 뒤에 과거 표현이 올 경우 주로 '〜더니, 〜니까'로 해석된다.

13　동사의 **ない**형

1그룹	• う단(모음) → あ단(모음) + **ない**	乗る	→	乗らない
		行く	→	行かない
		待つ	→	待たない
		飲む	→	飲まない
		話す	→	話さない
		死ぬ	→	死なない
		帰る ★1	→	帰らない
		入る ★1	→	入らない
		会う 주의	→	会わない
		歌う 주의	→	歌わない
2그룹	① ~る ＋ ② い, え단 • ~る → **ない**	みる	→	見ない
		たべる	→	食べない
		おきる	→	起きない
3그룹	する → しない くる → こない	勉強する	→	勉強しない
		来る	→	来ない

💡 ある (있다) → ない (없다)　⋯　사물, 식물
　いる (있다) → いない (없다)　⋯　사람, 동물

14 　ない형의 응용

ない형 +	~ないでください	~(하)지 마세요/말아주세요.	遅刻しないでください。 지각하지 말아주세요.
	~ない方がいい	~(하)지 않는 편이/ ~(하)지 않는 게 좋다.	触らない方がいいです。 만지지 않는 편이 좋습니다.

15 　~かもしれない　~(일)지도 모른다

명사	명사 + かもしれません	学生かもしれません。 학생일지도 모릅니다.
な형용사	~だ + かもしれません	有名かもしれません。 유명할지도 모릅니다.
い형용사	~い + かもしれません	高いかもしれません。 비쌀지도 모릅니다.
동사	기본형 + かもしれません	行くかもしれません。 갈지도 모릅니다.

💡 친한 사이에서는 「~かも」(~일지도 몰라, ~일지도 모르겠다)만 사용할 수도 있다!

16 　~なる　~이(가) 되다, ~(해)지다

い형용사	~くなる	お酒を飲むと顔が赤くなります。 술을 마시면 얼굴이 빨갛게 됩니다.
な형용사	~になる	発表が終わってちょっと暇になりました。 발표가 끝나서 조금 한가해졌습니다.
명사		3月から大学生になります。 3월부터 대학생이 됩니다.
동사	~ようになる	毎日練習して、上手に話せるようになりました。 매일 연습해서, 잘 말할 수 있게 되었습니다.

💡 い형용사는 어미「い」를「く」로, な형용사는 어미「だ」를「に」로 바꾸고, 「なる」는 동사의 기본형에「ようになる」를 활용한다. 동사의 활용은 주로 가능형 동사와 함께 활용하여 과거와 비교했을 때 '능력, 상황, 습관' 등이 변화한 경우 사용한다!

17 보통형 + ~と思(おも)う ~(라)고 생각하다, ~(인) 것 같다

木村(きむら)さんも分(わ)かると思(おも)います。　　　기무라 씨도 알 것이라고 생각합니다.

部長(ぶちょう)は参加(さんか)しないと思(おも)いますが…。　　부장님은 참가하지 않을 것 같습니다만….

彼女(かのじょ)も知(し)っていると思(おも)います。　　　여자친구도 알고 있을 것이라고 생각합니다.

💡 分(わ)かる = understand　　知(し)る = know

보통형			
동사	雨(あめ)が	降(ふ)る	비가 내리다
		降(ふ)らない	내리지 않는다
		降(ふ)った	내렸다
		降(ふ)らなかった	내리지 않았다
い형용사	忙(いそが)し	い	바쁘다
		くない	바쁘지 않다
		かった	바빴다
		くなかった	바쁘지 않았다
な형용사	好(す)き	だ	좋아하다
		じゃない	좋아하지 않는다
		だった	좋아했다
		じゃなかった	좋아하지 않았다
명사	学生(がくせい)	だ	학생이다
		じゃない	학생이 아니다
		だった	학생이었다
		じゃなかった	학생이 아니었다

第 1 課

いい人だったけど、私のタイプじゃなかった。

좋은 사람이었지만, 내 스타일은 아니었어.

Key point

北海道は寒かった。	홋카이도는 추웠다.
富士山はきれいだった。	후지산은 아름다웠다.
ホテルはよかったけど、天気はよくなかった。	호텔은 좋았지만, 날씨는 좋지 않았다.

회화

野山 　昨日の合コン、どうだった。

リカ 　はじめての合コンだったから、おもしろかったよ。

野山 　そう。よかったね。

リカ 　うん。みんなでラインも交換した。

　　　 いい思い出になったと思う。

野山 　また会いたい人はいなかったの?

リカ 　一人いた。でも、いい人だったけど、

　　　 私のタイプじゃなかった。

Word

- 昨日 어제
- 合コン 미팅
- ～から ～라서, ～ 때문에
- ～よ 자신의 기분이나 의견을 말할 때 사용하는 종조사 (해석 ×)
- ライン 라인 (메신저)
- ～ね 동의나 확인을 구할 때 사용하는 종조사 (해석 ×)
- 交換 교환
- 思い出 추억
- ～になる ～이/가 되다
- ～と思う ～라고 생각하다
- ～の ～(인) 거야?/거예요? (질문에 사용하는 종조사)
- 一人 1명
- ～けど ～(이)지만
- タイプ 선호하는 스타일

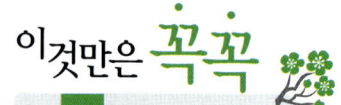

01 い형용사의 활용 (2)

((1)은 Step1 교재 74p. 참고)

	い형용사의 활용	예	
기본형	～い	おいしい。	맛있다.
과거형	～い + かった(です)	おいしかった。 おいしかったです。	맛있었다. 맛있었습니다.
과거 부정형	～い + くなかった くありませんでした	おいしくなかった。 おいしくありませんでした。	맛있지 않았다. 맛있지 않았습니다.

💡 おいしい : い형용사의 기본형은 「い」로 끝나며, 어미 「い」를 변화시켜 활용한다. 과거형인 「かった」와 과거부정형인 「くなかった」는 단독으로 사용할 경우 주로 친한 사이나 아랫사람에게 사용한다. 이런 반말의 형태를 「です・ます체」와 대비되는 「普通体(보통체)」라고 부르며, 「～と思う」, 「～と言う」, 「～んです」 등의 문형을 활용할 때 사용한다.
(어간) (어미)

02 ～い + かった ～했다, ～い + かったです ～했습니다

北海道は寒かった。 훗카이도는 추웠다.
日本語は難しかったです。 일본어는 어려웠습니다.
毎日、忙しかったですか。 매일 바빴습니까?

💡 「～か」를 붙여 과거형의 의문문으로도 활용할 수 있다.

03 ～い + くなかった ～하지 않았다, ～い + くありませんでした ～하지 않았습니다

映画はおもしろくなかった。 영화는 재미있지 않았다.
このラーメンは辛くありませんでした。 이 라면은 맵지 않았습니다.
ホテルのサービスがあまりよくなかった。 호텔 서비스가 별로 좋지 않았다.

💡 いい/よい(좋다) 변형에 주의!
  いくなかった(です)   (X)   よくなかった(です)   (O)
  いくありませんでした (X)   よくありませんでした (O)

04 　な형용사의 활용 (2)   ((1)은 Step1 교재 82p. 참고)

	な형용사의 활용		예	
기본형	～だ		便利だ。	편리하다.
과거형	～だ＋	だった でした	便利だった。 便利でした。	편리했다. 편리했습니다.
과거 부정형	～だ＋	じゃなかった じゃありませんでした	便利じゃなかった。 便利じゃありませんでした。	편리하지 않았다. 편리하지 않았습니다.

💡 명사의 과거형, 과거부정형 활용도 な형용사와 동일하다.

いい人だった。 좋은 사람이었다.　　　いい人じゃなかった。 좋은 사람이 아니었다.

05 　～だ＋じゃなかった ～하지 않았다,　～だ＋じゃありませんでした ～하지 않았습니다

中国語は簡単じゃなかった。　　　중국어는 간단하지 않았다.
デジカメは必要じゃありませんでした。　　　디카는 필요하지 않았습니다.

💡 「～か」를 붙여 과거형의 의문문으로도 활용할 수 있다.

・Word・ 寒い 춥다 ・ 暑い 덥다 ・ 難しい 어렵다 ・ 忙しい 바쁘다 ・ おもしろい 재미있다 ・ 辛い 맵다
あまり 그다지, 별로 ・ きれいだ 예쁘다, 깨끗하다 ・ 交通 교통 ・ 簡単 간단 ・ デジカメ 디카 (디지털카메라)
必要 필요

🎧 MP3 02

1 다음 〈보기〉와 같이 말해 보세요.

> **보기**
> (合コン / 雰囲気はいい / 料理はおいしくない)
> A : 合コンはどうだった。
> B : 雰囲気はよかったけど、料理はおいしくなかった。

(1) 旅行 / ホテルはいい / 天気はよくない

(2) 面接 / 質問は難しい / 雰囲気はいい

(3) 映画 / ストーリーはいい / 俳優の演技はよくない

(4) コンサート / 人は多い / 楽しい

会話 ペラペラ

2 다음 〈보기〉와 같이 말해 보세요.

> **보기**
> (彼 / いい人だ / タイプじゃない、彼 / 新つじゃない / いい思い出になる)
> A : 彼はどうだった。
> B1 : いい人だったけど、タイプじゃなかった。
> B2 : 親切じゃなかったけど、いい思い出になった。

(1) あのレストラン / 店員は親切だ / 味は好きじゃない

(2) 出張 / 大変だ / やりがいがあっていい

(3) 日本語のテスト / 簡単だ / 100点じゃない

Word
合コン 미팅・雰囲気 분위기・料理 요리・旅行 여행・天気 날씨・面接 면접・質問 질문・難しい 어렵다
映画 영화・ストーリー 스토리・俳優 배우・演技 연기・コンサート 콘서트・多い 많다・楽しい 즐겁다
彼 그 (사람)・タイプ (선호하는 이성) 스타일・親切 친절・思い出 추억・店員 점원・味 맛・好きだ 좋아하다
出張 출장・大変 힘들다・やりがい 보람・簡単 간단・100点 100점

聞き取り

🎧 MP3 03

1 녹음을 듣고 문장을 완성해 보세요.

(1) 毎日＿＿＿＿＿＿＿＿＿＿です。

(2) 中国語は＿＿＿＿＿＿＿＿＿＿。

(3) ＿＿＿＿＿＿＿＿＿＿、タイプじゃなかった。

2 녹음을 듣고 여행 소감과 그림이 맞으면 O, 다르면 X를 표시하세요.

(1)

(O / X)

(2)

(O / X)

(3)

(O / X)

(4)
(O / X)

• Word • 便利 편리 · 食べ物 음식 · 店 가게

ライティング

다음 문장을 일본어로 적어 보세요.

(1) 일본은 추웠다.

(2) 영화는 재미있지 않았다.

(3) 좋은 사람이었지만, 내 스타일이 아니었다.

読み取り

다음을 읽고 내용과 맞으면 O, 다르면 X를 표시하세요.

令和XX年　12月27日　雪
先日、はじめて合コンに参加してきた。
友だちと一緒だったし、好きなお好み焼きもたくさん食べることができた。
お店はいい雰囲気で、コスパもよかったけど、店員さんがあまり優しくなかった。
合コンに参加した人たちは、みんないい人だったけど、私のタイプの人はいなかった。
久しぶりに色んな人と話ができたから、それで満足する。

• Quiz •

(1) 先日、はじめて一人で合コンに行ってきた。　　　(O / X)

(2) 好きなお好み焼きをたくさん食べた。　　　(O / X)

• Word 令和 일본의 연호 (2019년 5월 1일부터 사용) • 先日 요전 날 • コスパ 가성비 • 店員 점원
優しい 상냥하다, 친절하다 • できる 할 수 있다 • 満足 만족

신체와 관련된 관용 표현

관용 표현	의미
顔が広い	발이 넓다, 인맥이 넓다
頭を下げる	머리를 숙이다
痛い目に合う	따끔한 맛을 보다, 쓰라린 경험을 하다
口がうまい	말솜씨가 좋다
耳にたこができる	귀에 못이 박히다
額を集める	머리를 맞대다, 의논하다
舌を巻く	혀를 내두르다, 감탄하다
手が付けられない	어찌할 도리가 없다
足が出る	적자가 나다
身に付ける	익히다, 체득하다
首になる	해고되다
肩を持つ	편을 들다
腕が上がる	솜씨가 늘다
胸を張る	가슴을 펴다, 자신 있는 태도를 취하다
腹が立つ	화가 나다

一休み 문화 톡톡

• 귀여운 일본 장식품의 이모저모 •

● てるてる坊主(ぼうず)

일본에서는 하얀 천이나 종이로 만든 인형을 처마 끝에 걸어 놓으면 비가 그친다는 풍습이 있다. '지금 만나러 갑니다(今会いに行きます)'라는 유명한 영화에서 남자아이는 비가 오면 만날 수 있는 엄마를 그리워하며 이 인형을 반대로 매달아 놓기도 했다.

● 風鈴(ふうりん)

장마철이 아닌 여름에 처마 끝에 달려있는 또 다른 장식으로 風鈴이라고 하는 청아한 소리가 나는 '풍경'이 있다. 더운 여름철에 바람을 통해 들리는 맑은 소리를 통해 시원함을 느끼기도 하고 더위를 이기기도 한다. 유리나 철, 자기로 만든 것도 있는데 청량한 소리로 기분을 맑게 해 주어 일본 가정에서 흔히 볼 수 있다.

● だるま

일본의 '오뚝이'로 불리며 복을 상징하는 だるま. 인내와 노력의 상징으로 식당 외에도 수험 준비를 하는 학생이나 선거철 등에서 자주 보인다. 기원하고자 하는 마음을 담아서 한 쪽 눈을 그린 후, 그것이 이루어지면 나머지 한 쪽 눈을 완성시킨다. 최근에는 인테리어 효과를 위해 크기가 작거나 다른 캐릭터를 반영한 인형 등으로도 활용하고 있다.

第 2 課

漢字が読めるようになりました。

한자를 읽을 수 있게 되었습니다.

Key point

日本語が話せます。	일본어를 말할 수 있습니다.
辛いものが食べられるようになりました。	매운 것을 먹을 수 있게 되었습니다.
ビールなら少し飲めます。	맥주라면 조금 마실 수 있습니다.

MP3 04

山下 おはよう、パクさん。何をしているの？

パク おはようございます。

もうすぐかおるさんの誕生日だから、

プレゼントとバースデーカードを送りたいんですけど。

山下 へえ、日本語で書いたの？

パク はい。前より漢字が読めるようになりましたけど、

書くことはやっぱりまだ難しいですね。

山下 でも、すごい。

コンビニでも送れるからゆっくりしてね。

パク はい。ありがとうございます。

Word

- もうすぐ 이제 곧
- バースデーカード 생일카드
- 送る 보내다
- ～けど ～(이)지만, ～(인)데
- ～の ～(인) 거야?/거예요? (질문에 사용하는 종조사)
- やっぱり 역시
- まだ 아직
- ～でも ～에서도
- ゆっくり 천천히, 여유 있게

이것만은 꼭꼭

01 가능 표현 (1)

• **동사의 가능형** : ～할 수 있다

1그룹	• う단(모음) → え단(모음) + る	会う → 会える 行く → 行ける 脱ぐ → 脱げる 話す → 話せる 待つ → 待てる 死ぬ → 死ねる 呼ぶ → 呼べる 飲む → 飲める 乗る → 乗れる 帰る ★1 → 帰れる	
2그룹	① ～る + ② い, え단 • ～る → られる	みる → 見られる たべる → 食べられる おきる → 起きられる	
3그룹	• する → できる • くる → こられる	運転する → 運転できる 来る → 来られる	

💡 동사의 가능형 앞에는 '을/를'의 의미인 조사 「を」 대신 「が」가 온다는 점에 주의!

文法 ポイント

02 가능 표현 (2)

- **동사의 기본형 + ことができる(できない)** : ~할 수 있다 (할 수 없다)

一人で自転車に乗ることができます。　　　혼자서 자전거를 탈 수 있습니다.

朝早く起きることはできません。　　　　　아침 일찍 일어날 수 없습니다.

💡 명사 + ~ができる : ~을 할 수 있다, ~을 잘하다
　英語ができる。영어를 (말) 할 수 있다.

03 동사의 가능형 + ~ようになる　~할 수 있게 되다

今は辛いものが食べられるようになりました。　지금은 매운 것을 먹을 수 있게 되었습니다.

漢字が書けるようになりました。　　　　　　한자를 쓸 수 있게 되었습니다.

💡 뉘앙스 차이
　동사의 사전형 + ようになる : 새로운 습관
　동사의 가능형 + ようになる : 할 수 없었던 것이 가능하게 됨

Word 一人(ひとり) 혼자서・自転車(じてんしゃ) 자전거・~に乗(の)る ~을/를 타다・朝(あさ) 아침・早(はや)く 일찍・起(お)きる 일어나다
英語(えいご) 영어・辛(から)い 맵다・漢字(かんじ) 한자

第2課 한자를 읽을 수 있게 되었습니다.

MP3 05

1 다음 〈보기〉와 같이 말해 보세요.

> **보기**
> (毎朝、朝早く起きる)
> A : 毎朝、朝早く起きられますか。
> B1 : はい、起きられます。
> B2 : いいえ、起きられません。

(1) 一人で自転車に乗る

(2) 来週のワークショップに来る

(3) 日本語でメールを送る

(4) 一人で寮まで帰る

会話 ペラペラ

2 그림을 보고 〈보기〉와 같이 자유롭게 말해 보세요.

> **보기**
> (お土産を買う)
> A：羽田空港で何ができますか。
> B：お土産が買えます。

食事 / 飛行機を見る / 富士山を見る / 写真を撮る / 両替 / 携帯電話の充電 / 自動チェックイン / おもちゃを買う / スタイリストのサービスを受ける

A：羽田空港で何ができますか。

B：＿＿＿＿＿＿＿＿＿＿＿＿＿＿＿＿

귀에 쏙쏙

聞き取り

1 녹음을 듣고 문장을 완성해 보세요.

(1) 漢字が＿＿＿＿＿＿＿＿＿＿なりました。

(2) 焼酎は＿＿＿＿＿＿が、ビールなら少し＿＿＿＿＿＿。

(3) 明日卒業式に＿＿＿＿＿＿＿＿＿＿。

2 녹음을 듣고 대화 내용에 맞는 그림을 선택하세요.

(1) ＿＿＿＿ (2) ＿＿＿＿ (3) ＿＿＿＿ (4) ＿＿＿＿

Word 焼酎 소주 · ～なら ～라면 · 少し 조금 · 卒業式 졸업식 · 弾く 치다, 연주하다

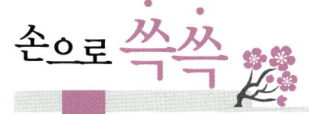

ライティング

다음 문장을 일본어로 적어 보세요.

(1) 낫또를 먹을 수 있습니까? (納豆) _____

(2) 1시간은 기다릴 수 없습니다. _____

(3) 저는 우유를 못 마십니다. (牛乳) _____

読み取り

다음을 읽고 내용과 맞으면 O, 다르면 X를 표시하세요.

私は最近日本語を習いはじめました。
簡単な日本語は聞き取れますが、まだ字幕付きの映画を見ています。
漢字は難しくて全然書けませんが、自動変換できるラインを使って日本人の友だちとメッセージのやりとりをしています。
これが結構面白いです。
会話に自信がないので韓国語と混ぜて話しますが、上手に話せるようになりたいです。

• Quiz •

(1) 私は日本語の漢字が書ける。　　　　　　　　　　(O / X)

(2) 日本人の友だちと話せるようになりたい。　　　　(O / X)

• Word • 納豆 낫또 • 待つ 기다리다 • 牛乳 우유 • 習いはじめる 배우기 시작하다 • 聞き取る 알아듣다
字幕付き 자막 달림 • 全然 전혀 • 変換 자동 변환 • ライン 라인 (메신저) • 使う 사용하다
メッセージ 메시지 • やりとり 주고받음 • 結構 꽤 • 自信 자신 • 混ぜる 섞다 • 上手に 잘, 능숙하게

一休み

일본식 영어 단어 (和製英語, Japanese English)

和製英語는 영어에서 파생된 단어처럼 보이지만, 사실은 영어의 단어를 변형하거나 복합하여 새롭게 일본에서 만든 단어입니다. 우리도 익숙하게 사용하는 「ゴールイン」은 'goal+in', 「バックミラー」는 'back+mirror'의 형태로, 한국의 콩글리시와 같은 것이라 볼 수 있습니다.

의미	일본식 영어	
주유소	ガソリンスタンド	＊ gasoline+stand
주차, 주차장	パーキング	＊ parking
부정행위	カンニング	＊ cunning
말쑥함	スマート	＊ smart
(꾸밈없는) 순진함	ナイーブ	＊ naive
불평, 불만	クレーム	＊ claim
이점, 장점, (해볼 만한) 가치	メリット	＊ merit
결점, 단점, 불이익	デメリット	＊ demerit
흥분 상태	ハイテンション	＊ high+tension
파이팅 (구호)	ファイト	＊ fighting
(호텔 등의) 접수처	フロント	＊ front desk
서명, 사인	サイン	＊ sign
혼혈	ハーフ	＊ half+blood

Q. 여러분이 알고 있는 和製英語에는 어떤 것들이 있나요?

일본의 연호

일본에서는 199X년, 202X년과 같은 표기(西暦[せいれき]) 외에도 고유의 연호(年号[ねんごう])가 있다. 이전에는 나라에 좋은 일이나 나쁜 일이 있으면 자주 바뀌었지만, 메이지 시대 이후부터는 천황이 바뀔 때까지 하나의 연호로 사용하게 되었다. 이러한 연호는 일상생활에서 주로 생년월일이나 공적인 문서에서 자주 쓰이기 때문에 본인이 태어난 해와 최근 연호를 알아두는 것이 좋다.

- 昭和[しょうわ] : 1926. 12. 25 ～ 1989. 01. 07
- 平成[へいせい] : 1989. 01. 08 ～ 2019. 04. 30
- 令和[れいわ] : 2019. 05. 01 ～ 현재

昭和25年	1950	平成1年	1989	令和1年	2019
昭和26年	1951	平成2年	1990	令和2年	2020
昭和27年	1952	平成3年	1991	令和3年	2021
昭和28年	1953	平成4年	1992	令和4年	2022
昭和29年	1954	平成5年	1993	令和5年	2023
昭和30年	1955	平成6年	1994	令和6年	2024
昭和31年	1956	平成7年	1995	令和7年	2025
昭和32年	1957	平成8年	1996	令和8年	2026
昭和33年	1958	平成9年	1997	令和9年	2027
昭和34年	1960	平成10年	1998	令和10年	2028
昭和35年	1961	平成11年	1999	⋮	⋮
昭和36年	1962	平成12年	2000		
昭和37年	1963	平成13年	2001		
昭和38年	1964	平成14年	2002		
昭和39年	1965	平成15年	2003		
昭和40年	1966	平成16年	2004		
昭和41年	1967	平成17年	2005		
昭和42年	1968	平成18年	2006		
昭和43年	1969	平成19年	2007		
⋮	⋮	⋮	⋮		
昭和64年	1989. 01. 07	平成31年	2009. 04. 30		

第 3 課

週末はゆっくり休もうと思います。

주말에는 푹 쉬려고 합니다.

Key point

仕事を辞めようと思っています。	일을 그만두려고 생각하고 있습니다.
今年こそ試験を受けるつもりです。	올해야말로 시험을 볼 생각입니다. (강한 의지)
飛行機は4時に着く予定です。	비행기는 4시에 도착할 예정입니다. (구체적으로 정해진 사항)

田中	お疲れ様です。明日から３連休ですね。
チェ	そうですね。田中さんは何をする予定ですか。
田中	来週から出張や会議の準備で忙しくなるから、ゆっくり休もうと思っています。チェさんは何をしますか。
チェ	私は友達とホカンスをしようと思っています。
田中	ホカンスって何ですか。
チェ	韓国で流行っているもので、「ホテル」で泊まりながら「バカンス」気分を味わうことですよ。
田中	それいいですね。私も今度チャレンジしてみます。

Word

- お疲れ様です 고생 많습니다, 수고 많아요
- 連休 연휴
- 出張 출장
- 会議 회의
- 準備 준비
- って ~라는 것은, ~은/는
- 流行る 유행하다
- 泊まる 묵다
- 気分 기분
- 味わう 맛보다
- 今度 이번, 돌아오는
- チャレンジ 챌린지, 도전

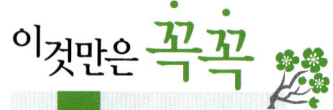

01 동사의 의지형 ~해야지 [의지] / ~하자 [권유]

그룹	규칙	예		
1그룹	· う단(모음) → お단(모음) + う	会う	→	会おう
		行く	→	行こう
		話す	→	話そう
		待つ	→	待とう
		呼ぶ	→	呼ぼう
		飲む	→	飲もう
		乗る	→	乗ろう
		帰る ★1	→	帰ろう
2그룹	① ~る 　+ ② い, え단 · ~る → よう	みる	→	見よう
		たべる	→	食べよう
		おきる	→	起きよう
3그룹	· する → しよう · くる → こよう	勉強する	→	勉強しよう
		来る	→	来よう

💡 혼자 다짐 : ~해야지 (의지형), 두 명 이상 : ~하자 (권유형)

文法 ポイント

02 동사의 의지형 + ～と思う　～하려고 생각하다

仕事を辞めようと思っています。　　　일을 그만두려고 생각하고 있습니다.

予約をキャンセルしようかと思っています。　예약을 취소할까 하고 있습니다.

💡 ～と思う : 해당 시점의 의지 표현　　　～と思っている : 과거부터 현재까지 계속되는 의지 표현

　　의지형 + ～かと思う : ～할까 하다

03 동사의 기본형 + つもりだ　～할 작정이다/생각이다

今年こそ日本語の試験を受けるつもりです。　올해야말로 일본어 시험을 볼 생각입니다.

大学を卒業したら、留学するつもりです。　대학을 졸업하면, 유학 갈 생각입니다.

これからどうするつもりですか。　앞으로 어떻게 할 생각인 거죠?

夜6時以降は何も食べないつもりです。　저녁 6시 이후에는 아무것도 먹지 않을 생각입니다.

💡 자신의 의지나 계획이 이미 확고할 때 주로 사용! (지금 결정된 것에 사용 X)

　　[부정형] ～ない + つもりだ : ～하지 않을 작정/생각이다

04 동사의 기본형 + 予定だ　～할 예정이다

明日の朝9時に決勝戦が始まる予定です。　내일 아침 9시에 결승전이 시작될 예정입니다.

飛行機は4時に着く予定です。　비행기는 4시에 도착할 예정입니다.

💡 말하는 사람의 의지 X (사무적 사항), 스케줄이 구체적으로 정해졌을 때 사용.

Word　仕事 일・辞める 그만두다・試験を受ける 시험을 보다・以降 이후・決勝戦 결승전

🎧 MP3 08

1 다음 〈보기〉와 같이 말해 보세요.

> **보기**
> (仕事を辞める)
> ⇒ <u>仕事を辞めよう(か)</u>と思っています。

(1) 日本で就職する

(2) 久しぶりに大掃除する

(3) ケータイを替える

(4) 新しい車を買う

会話 ペラペラ

2 달력을 보고 〈보기〉와 같이 자유롭게 말해 보세요.

- 会議の準備 회의 준비
- 休暇届提出 휴가서 제출
- 給料チェック 월급 체크
- 出張の準備 출장 준비
- 木村さんのお祝い 기무라 씨 축하
- お買いもの 쇼핑

> **보기**
> 渡辺さんは来週、出張に行く予定です。

(1) 渡辺さんは来週の月曜日に_____。

(2) 渡辺さんは来週の土曜日に_____。

(3) 渡辺さんは今月末、_____。

(4) 会議は11日_____。

귀에 쏙쏙

聞き取り

MP3 09

1 녹음을 듣고 문장을 완성해 보세요.

(1) 今年こそ日本語のテストを_____。

(2) 週末はゆっくり_____。

(3) 試合は日曜2時から_____。

2 녹음을 듣고 어떤 업무들에 관한 이야기를 나누는지 대화 내용의 순서대로 번호를 나열해 보세요.

(1) _____ (2) _____ (3) _____ (4) _____

- Word -
終わる 끝나다, 마치다 ・ 送る 보내다 ・ 資料 자료 ・ 飛行機 비행기 ・ 予約 예약 ・ 今日中 오늘 중
休暇届 휴가서 ・ 出す 제출하다

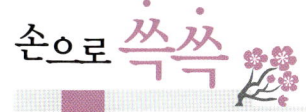

ライティング

다음 문장을 일본어로 적어 보세요.

(1) 일을 그만둘까 생각하고 있습니다. _____

(2) 앞으로 어떻게 할 생각인 거죠? _____

(3) 비행기는 9시에 도착할 예정입니다. _____

読み取り

다음을 읽고 내용과 맞으면 O, 다르면 X를 표시하세요.

小林先輩
いつもお世話になっています。
△△学科3年キム・スジンです。
来週、妹の結婚式があって韓国へ行ってきます。
9月11日土曜日に結婚式なので、前の日に帰る予定です。
それで、10日金曜日のスタディーに参加できないと思います。
レポートは日曜日の夜まで作成しようと思っています。
では、よろしくお願いします。

キム・スジン

· Quiz ·

(1) キムさんは来月韓国へ帰ります。　　　　　　　　　(O / X)

(2) レポートは韓国へ行く前の日まで出す予定です。　　(O / X)

· Word ·　先輩 선배 · お世話になっています 신세 많이 지고 있습니다. 늘 감사합니다 (편지글 등에 자주 사용하는 인사 표현)
学科 학과 · 妹 여동생 · 結婚式 결혼식 · 参加 참가 · 夜 밤 · 作成 작성

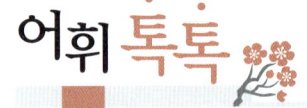

一休み

한국어와 비슷한 일본 속담

1. 낮말은 새가 듣고 밤말은 쥐가 듣는다.

    壁に耳あり、障子に目あり。

    (벽에도 귀가 있고 장지에도 눈이 있다.)

2. 한 우물을 파다, 서당개 3년이면 풍월을 읊는다.

    石の上にも三年。

    (차가운 돌 위라도 3년이나 앉아있으면 따뜻해진다.)

3. 믿는 도끼에 발등 찍힌다.

    飼い犬に手を噛まれる。

    (기르던 개에게 손을 물리다)

4. 원숭이도 나무에서 떨어질 때가 있다.

    猿も木から落ちる。

5. 호랑이 굴에 들어가야 호랑이 새끼를 잡는다.

    虎穴に入らずんば虎児を得ず。

6. 돌다리도 두드려보고 건너라.

    石橋を叩いて渡る。

一休み / 문화 톡톡

• 일본의 정월 •

일본의 연중행사 중 가장 중요한 날 중 하나로 새로운 해를 축하하는 기간을 お正月(しょうがつ)라고 한다. お正月 하면 떠오르는 몇 가지 행사를 살펴보자.

● 初詣(はつもうで)に行く

새해 신사에 가서 새로운 해를 맞아 소망하는 일을 기원하는 것을 말한다. 初詣는 지역에 따라 다르지만, 보통 松(まつ)の内(うち)까지 하는 것이 일반적이다.

※ 松の内 : 설날을 축하하는 기간으로, 보통 1월 1일~1월 7일. 이 기간 동안 설날을 장식하는 물건을 놓기도 한다.

● 門松(かどまつ)を飾(かざ)る

松の内 기간 동안 대문 앞에 세우는 소나무 장식으로 한 해의 시작인 설날에 좋은 운을 가져다주는 신을 환영하기 위한 장식품이다.

● 年賀状(ねんがじょう)をもらう

일본에서는 연하장이 모두 1월 1일에 도착하도록 보내는데, 직전 해(年)의 12월 25일까지 우체통에 넣으면 된다. 신년인사 외에도 근황을 알리거나 새해 다짐 또는 포부를 함께 써서 보낸다.

● お年玉(としだま)をあげる

한국처럼 일본도 세뱃돈 문화가 있다. 현금을 그대로 건네는 것은 실례라고 생각하기 때문에 보통 세뱃돈 봉투(お年玉袋(ぶくろ)・ポチ袋(ぶくろ))에 신지폐를 넣어서 준다.

デザインもいいし、値段も安いですね。

디자인도 좋고, 가격도 싸네요.

Key point

これは何と言いますか。	이것은 뭐라고 말합니까?
新しいケータイを買うかどうか迷っています。	새 휴대폰을 살지 말지 망설이고 있습니다.
この服はデザインもいいし、値段も安いです。	이 옷은 디자인도 좋고(예쁘고), 가격도 쌉니다.

회화

🎧 MP3 10

木下 ヤンさん、お久しぶりですね。休みには何をしましたか。

ヤン 友達と近くの海に行って、おいしいもの食べてきました。
帰りに新しくできたショッピングセンターも寄りました。

木下 そうなんですか。どうでしたか。

ヤン 有名なお店もたくさんあったし、
展示会も楽しかったし、最高でした。

木下 私はまだ一回も行ったことがないんです。
今度の週末に行ってこようかな。

ヤン はい。ぜひ行ってみてください。
この服も割引券を使って安く買ったんです。

木下 デザインもいいし、値段も安いですね。

Word

- できる 생기다, 할 수 있다
- 寄る 들르다
- 展示会 전시회
- 最高 최고
- 一回 1회
- 割引券 할인권
- 使う 사용하다
- 安い 싸다
- 買う 사다
- 値段 가격

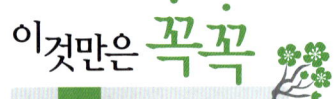

01 보통형의 종류와 활용

💡 윗사람이나 친하지 않은 사람에게 주로 사용 : 「〜です·ます체」(문장에서 です·ます형이 활용)
아랫사람이나 친한 사이에게 주로 사용 : 「普通(보통)체」(문장에서 보통형이 활용)

• 보통형의 종류

보통형	동사	雨が	降る	비가 내리다	[현재 긍정]
			降らない	내리지 않는다	[현재 부정]
			降った	내렸다	[과거 긍정]
			降らなかった	내리지 않았다	[과거 부정]
	い형용사	忙し	い	바쁘다	[현재 긍정]
			くない	바쁘지 않다	[현재 부정]
			かった	바빴다	[과거 긍정]
			くなかった	바쁘지 않았다	[과거 부정]
	な형용사	好き	だ	좋아하다	[현재 긍정]
			じゃない	좋아하지 않는다	[현재 부정]
			だった	좋아했다	[과거 긍정]
			じゃなかった	좋아하지 않았다	[과거 부정]
	명사	学生	だ	학생이다	[현재 긍정]
			じゃない	학생이 아니다	[현재 부정]
			だった	학생이었다	[과거 긍정]
			じゃなかった	학생이 아니었다	[과거 부정]

• 보통형의 활용

①	〜と思う	〜(라)고 생각하다, 〜(인) 것 같다	… Step 2 13과 p.149
②	〜かもしれない	〜(일)지도 모른다	… Step 2 6과 p.79
③	〜と言う	〜라고 하다/말하다	
④	〜かどうか	〜(일)지 어떨지, 〜할지 말지	
⑤	〜し	〜(이)고, 〜인 데다가	

文法 ポイント

02　보통형 + ～と言う　~라고 하다/말하다

これは日本語で何と言いますか。　　　이것은 일본어로 뭐라고 합니까?

ハンさんは「ありがとう」と言いました。　한 씨는 '감사합니다'라고 말했습니다.

03　보통형 + かどうか　~(일)지 어떨지, ~할지 말지

納豆は食べたことがないので、おいしいかどうか分かりません。
낫또는 먹어본 적이 없어서, 맛있을지 어떨지 모르겠습니다.

新しいカバンを買うかどうか悩んでいます。
새 가방을 살지 말지 고민 중입니다.

04　～し　~(이)고, ~인 데다가

この服はデザインもいいし、値段も安いです。　이 옷은 디자인도 좋고, 가격도 쌉니다.

彼女は頭もいいし、きれいだし、優しいです。　그녀는 머리도 좋고, 예쁜 데다가 상냥합니다.

💡 명사 활용에 주의!
　今日は雨だし、出かけたくないよ。　오늘은 비이고(비도 오고), 외출하고 싶지 않아.

Word　納豆 낫또・新しい 새롭다・買う 사다・悩む 고민하다・服 옷・値段 가격・安い 싸다・彼女 그녀
　　　優しい 상냥하다・出かける 외출하다

🎧 MP3 11

1 다음 〈보기〉와 같이 말해 보세요.

・보기・
(お寿司)
この漢字は日本語で何と言いますか。
→ 「おすし」と言います。

(1) 醤油
   しょうゆ

(2) 唐辛子
   とうがらし

2 다음 〈보기〉와 같이 말해 보세요.

・보기・
(契約を更新する)
けいやく こうしん
→ 契約を更新するかどうか分かりません。

(1) この質問が失礼だ
   しつもん しつれい

(2) 間違いがない
   まちが

3 다음 〈보기〉와 같이 과거형을 활용해서 말해 보세요.

보기

(面接 / 遅刻もした / 質問も難しい)
A: 面接はどうでしたか。
B: 遅刻もしたし、質問も難しかったです。

(1) 旅行 / 天気もいい / 食べものもおいしい

(2) あのレストラン / 店員も親切だ / 値段も高くない

(3) このワインバー / 雰囲気もいい / 種類もたくさん

(4) 出張 / 会議も多い / 移動も大変だ

Word お寿司 초밥 · 漢字 한자 · 醤油 간장 · 唐辛子 고추 · 契約 계약 · 更新 갱신 · 質問 질문 · 間違い 실수
面接 면접 · 遅刻 지각 · 店員 점원 · 値段 가격 · 雰囲気 분위기 · 種類 종류 · 移動 이동 · 大変 힘듦

귀에 쏙쏙

聞き取り

🎧 MP3 12

1 녹음을 듣고 문장을 완성해 보세요.

(1) この漢字は日本語で「胡椒」_____。

(2) 今夜のパーティーに美香さんも_____。

(3) おいしい_____わからないけど、頑張って作ったよ。

2 녹음을 듣고 그림과 관련된 단어를 〈보기〉에서 찾아 보세요.

> 보기
> ⓐ エンジンが静かだ　ⓑ 値段が高い　ⓒ 駅から近い　ⓓ 丈夫だ
> ⓔ 使い方が難しい　ⓕ 店員が親切じゃない　ⓖ 交通が便利
> ⓗ スーパーが近くにある

(1)

(_____, _____)

(2)

(_____, _____)

(3)

(____, ____, ____)

(4)

(_____, _____)

 ライティング

다음 문장을 일본어로 적어 보세요.

(1) 이 한자는 「塩」라고 말합니다.　_____

(2) 그(사람)도 올지 안 올지 모르겠어.　_____

(3) 이 옷은 디자인도 좋고 가격도 쌉니다.　_____

 読み取り

다음을 읽고 내용과 맞으면 O, 다르면 X를 표시하세요.

日本には韓国のような香辛料(こうしんりょう)がたくさんあります。「塩(しお)」、「砂糖(さとう)」、「胡椒(こしょう)」、「唐辛子」、「ニンニク」、「生姜」などです。ラーメン屋(や)やお店(みせ)にはこのような漢字(かんじ)があると全(すべ)て読めますか。「塩」は「しお」、「胡椒」は「こしょう」と言います。二つを合(あ)わせて「塩胡椒」とも言います。味(あじ)が薄(うす)い時(とき)使(つか)うものです。韓国では「ナムル」の味(あじ)付(つ)けにもよく使うし、「チキン」の種類(しゅるい)にも「ニンニク」をよく使います。日本では「味噌汁(みそしる)」にも入(い)れるし、「生姜焼(しょうがや)き」もあるし「生姜」をよく使います。

• Quiz •

(1) 韓国では味付けに「ニンニク」をよく使います。　(O / X)

(2) 味が薄いときには、「砂糖」を入れます。　(O / X)

• Word • 香辛料(こうしんりょう) 향신료・塩(しお) 소금・砂糖(さとう) 설탕・胡椒(こしょう) 후추・合(あ)わせる 합하다・薄(うす)い 연하다
〜(の)ような＋○○ 〜같은 ○○・味付(あじつ)け 맛을 가미함・種類(しゅるい) 종류・入(い)れる 넣다
生姜焼(しょうがや)き 생강 베이스 돼지고기구이

• 연하장 쓰기 •

1월 1일 새해인 お正月에 안부 인사 겸 보내는 연하장을 쓸 때 꼭 필요한 문구가 있다. '일상의 안부'와 함께 올 한 해도 감사했다는 인사를 하며, '건강과 행복을 기원'하는 표현이 들어가 있으면 된다. 친한 사이에 보낼 수 있는 가벼운 연하장 문구를 함께 살펴보자.

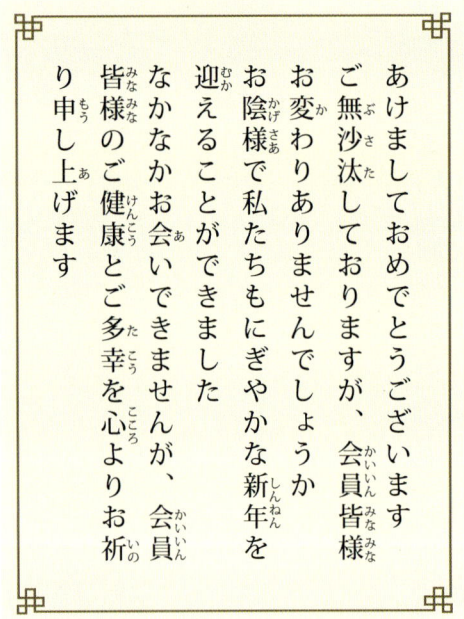

あけましておめでとうございます
ご無沙汰（ぶさた）しておりますが、会員皆様（かいいんみなみな）お変（か）わりありませんでしょうか
お陰様（かげさま）で私たちもにぎやかな新年（しんねん）を迎（むか）えることができました
なかなかお会（あ）いできませんが、会員（かいいん）皆様（みなみな）のご健康（けんこう）とご多幸（たこう）を心（こころ）よりお祈（いの）り申（もう）し上（あ）げます

あけましておめでとうございます
昨年（さくねん）は大変（たいへん）お世話（せわ）になりました
お互（たが）いにとって実（み）り多（おお）き一年（いちねん）になるといいですね
近（ちか）いうちにまた会（あ）いましょう
本年（ほんねん）もよろしくお願（ねが）い申（もう）し上（あ）げます

令和（れいわ）×× 年　元旦（がんたん）

새해 복 많이 받으세요.
오랫동안 연락을 못 드렸습니다만,
회원 여러분 별고 없으신지요?
덕분에 저희도 활기찬 새해를 맞이할 수 있었습니다.
자주 뵙지는 못하지만 회원 여러분의 건강과 행복을 진심으로 기원합니다.

새해 복 많이 받으세요.
작년에는 많은 신세를 졌습니다.
서로에게 있어서 결실이 많은 한 해가 되었으면 좋겠네요.
조만간에 다시 만납시다.
올해도 잘 부탁드립니다.

레이와 XX년 새해 첫날

一休み 문화 톡톡

明けましておめでとうございます
昨年(さくねん)はいろいろと心(こころ)づかいをいただきありがとうございます
今年(ことし)も変(か)わらぬお付(つ)き合(あ)いのほどよろしくお願(ねが)いいたします
仕事(しごと)もプライベートも充実(じゅうじつ)した日々(ひび)を送(おく)っています
今年(ことし)は再会(さいかい)を果(は)たしたいですね
お互(たが)い健康(けんこう)に気(き)をつけてがんばっていきましょう

令和ＸＸ年 元旦

새해 복 많이 받으세요.
작년에는 여러 가지로 마음을 써주셔서 감사합니다.
올해도 변함없는 교제 부탁드립니다.
일도 사생활도 충실한 날들을 보내고 있습니다.
올해는 꼭 다시 만났으면 좋겠습니다.
서로 건강 조심하고 열심히 해 나갑시다.

레이와 XX년 새해 첫날

연하장 쓰기

第 5 課

誕生日に何をもらいましたか。

생일에 무엇을 받았습니까?

Key point

私は母に花を**あげました**。	나는 엄마에게 꽃을 주었습니다.
友だちは私にプレゼントを**くれました**。	친구는 나에게 선물을 주었습니다.
クリスマスに花束と指輪を**もらいました**。	크리스마스에 꽃다발과 반지를 받았습니다.

회화

イ　　上野さん、お誕生日おめでとうございます。
　　　遅くなりましたが、これ、どうぞ。

上野　わあ、ありがとうございます。
　　　このミュージカル本当に行きたかったんですよ。
　　　チケットの予約は大変じゃなかったですか。

イ　　はい。最近一番人気だし、予約はなかなか取れませんでした。
　　　それで、イベント会社に勤めている知り合いにお願いしました。

上野　へえ、本当ですか。
　　　誕生日にもらったプレゼントの中で一番嬉しいです。

イ　　ありがとうございます。今年の誕生日に何をもらいましたか。

上野　私がよくスタバに行くのをみんな知っていて、
　　　今年はスタバのギフトカードばかりもらいました。

Word

- 遅い 늦다
- ミュージカル 뮤지컬
- ～し ～(이)고, ～인 데다가
- なかなか 좀처럼 (～않다)
- 予約を取る 예약을 잡다
- 勤める 근무하다
- 知り合い 지인
- 嬉しい 기쁘다
- スタバ (スターバックス) 스벅 (스타벅스의 줄임말)
- ギフトカード 기프트카드

01 수수동사 (Give & Take 동사) (1)

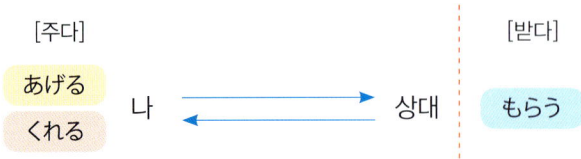

- 동물의 먹이, 식물의 물 / 손아랫사람 : やる(あげる의 의미)
- 다른 사람 → 다른 사람 : あげる
- 다른 사람 → 우리 가족 ┐ くれる
  　　　　　　나의 동료 ┘

あげる : (내가 남에게)/(A가 B에게) 주다

私は彼女に花をあげました。　　　　나는 그녀/여자친구에게 꽃을 주었습니다.
ワンさんは迫田さんにチョコレートをあげました。　왕 씨는 사코다 씨에게 초콜릿을 주었습니다.
このかばんは彼氏にあげるプレゼントです。　이 가방은 남자친구에게 줄 선물입니다.
　　　　　　　　　　　　명사

くれる : (남이 나에게)/(다른 사람이 가족, 동료에게) 주다

友達は私に誕生日のプレゼントをくれました。　친구는 나에게 생일 선물을 주었습니다.
辻村さんは妹にお小遣いをくれました。　츠지무라 씨는 (내) 여동생에게 용돈을 주었습니다.
このネックレスは母がくれたものです。　이 목걸이는 어머니가 준 것입니다.
　　　　　　　　　　명사

もらう : 받다

クリスマスに花束と指輪をもらいました。　크리스마스에 꽃다발과 반지를 받았습니다.
これはバレンタインデーにもらったものです。　이것은 밸런타인데이에 받은 것입니다.
　　　　　　　　　　　　명사

文法 ポイント

02 だけ / ばかり ~뿐, ~만

一つ<u>だけ</u>いただきます。　　　　　　　　　　한 개만 먹겠습니다(받겠습니다).
弟（おとうと）は毎日（まいにち）ゲーム<u>ばかり</u>しています。　　남동생은 매일 게임만 하고 있습니다.

💡 Aだけ　: A 이외 존재 X (수량 한정)

　Aばかり : A의 양이 多 (종류 한정), 주로 불만이나 불평에 자주 사용.

03 中의 다양한 의미　① 안, 속　② ~하는 중　③ 전체

建物（たてもの）の<u>中</u>（なか）に入（はい）りました。　　　　　　건물 안으로 들어갔습니다.
会議（かい ぎ）<u>中</u>（ちゅう）ですから、後（あと）でもう一度連絡（れんらく）ください。　회의 중이기 때문에 나중에 다시 한번 연락 주세요.
地震（じしん）で日本<u>中</u>（じゅう）の交通（こうつう）が混乱（こんらん）しています。　지진으로 일본 전역의 교통이 혼란스럽습니다.

• Quiz •

午前中に電話します。　(なか / ちゅう / じゅう)　　… 終わりまでに
昔（むかし）はどの店も年中（ねん きゅう）無休でした。　(なか / ちゅう / じゅう)　… のあいだずっと

[정답]
午前中 오전 중에 전화하겠습니다.
年中無休 연중무휴 가게가 어디도 그러했습니다.

• Word •
お小遣（こづか）い 용돈・花束（はなたば）꽃다발・指輪（ゆびわ）반지・いただく '먹다, 받다'의 겸양어 (↓)・建物（たてもの）건물・後（あと）で 나중에
混乱（こんらん）혼란

第5課 생일에 무엇을 받았습니까?　71

🎧 MP3 14

1 단어를 활용하여 〈보기〉와 같이 말해 보세요.

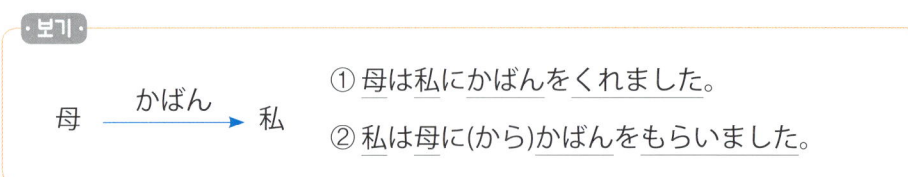

(1) 山田さん ——日本の本→ 私

(2) 本田さん ——ワイン→ 私

2 빈 칸에 알맞은 조사를 넣어 말해 보세요.

(1) 会社の同僚＿＿＿＿お土産をもらいました。

(2) これは誕生日に娘＿＿＿＿くれた手紙です。

(3) もうすぐバレンタインデーだから、チョコレートを作って彼氏
　　＿＿＿＿あげようと思っています。

(4) 昨日友達＿＿＿＿もらったキーホルダーをなくしてしまいました。

3 だけ와 ばかり를 활용하여 올바른 문장을 완성해 보세요.

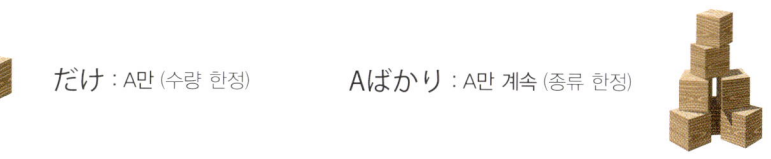

だけ : A만 (수량 한정)   Aばかり : A만 계속 (종류 한정)

(1) 今日スタディーには三浦さん＿＿＿＿＿＿参加しました。

(2) 毎日お酒＿＿＿＿＿＿飲んではいけません。

(3) スーパーで豆腐＿＿＿＿＿＿買ってきてください。

(4) ここ一か月雨＿＿＿＿＿＿降っています。

• Word • 参加 참가 • 豆腐 두부 • ここ一か月 최근 한 달간

聞き取り

🎧 MP3 15

1 녹음을 듣고 문장을 완성해 보세요.

(1) ビルの＿＿＿＿＿＿＿＿＿＿＿＿入ってください。

(2) ウイルスが＿＿＿＿＿＿＿＿＿＿＿＿広がっています。

(3) レポートは＿＿＿＿＿＿＿＿＿＿＿＿出してください。

2 녹음을 듣고 선물을 주고 받은 상대끼리 화살표를 그리고 선물도 선택하세요.

ライティング

다음 문장을 일본어로 적어 보세요.

(1) 왕 씨는 사코다 씨에게 초콜릿을 주었습니다.

(2) 오전 중에 전화하겠습니다.

(3) 생일에 무엇을 받았습니까?

読み取り

다음을 읽고 내용과 맞으면 O, 다르면 X를 표시하세요.

1月1日、日本のお正月(しょうがつ)について知っていますか。
お正月の中でも子どもたちは「お年玉(としだま)」をもらう大(だい)イベントを楽(たの)しく待っています。
昔(むかし)はお金ではなく、大人(おとな)も子どももお餅(もち)をもらったりもしました。
そして、お年玉には新しい魂(たましい)を渡(わた)す特別(とくべつ)な意味(いみ)があります。お父さんが神様(かみさま)からもらったお年玉を、お金やおもちゃなどに変(か)えて子どもたちにあげる意味から始(はじ)まりました。おかげで1年間家族みんな健康(けんこう)に生(い)きていくことができると信(しん)じていました。

• Quiz •

(1) 最近お年玉でお餅をもらう。　　　　　　　　　　(O / X)

(2) 昔は大人や子どももお年玉をもらったことがある。　(O / X)

• Word • お年玉(としだま) 세뱃돈 ・ 楽(たの)しく 즐겁게 ・ お餅(もち) 떡 ・ そして 그리고 ・ 魂(たましい) 영혼, 정신 ・ 渡(わた)す 건네다 ・ 特別(とくべつ) 특별
意味(いみ) 의미 ・ 始(はじ)まる 시작되다 ・ 神様(かみさま) 신 ・ おもちゃ 장난감 ・ 変(か)える 바꾸다 ・ おかげで 덕분에
健康(けんこう)に 건강하게 ・ 生(い)きていく 살아가다 ・ 信(しん)じる 믿다

一休み

다양한 어휘

露天風呂(ろてんぶろ)
노천온천

貸切(かしきり)
단독, 전세

満喫(まんきつ)
만끽

絶景(ぜっけい)
절경

癒す(いや)
힐링 시켜주다, 치유하다

浴衣(ゆかた)
유카타

伝統(でんとう)
전통

佇む(たたず)
자리 잡다

美肌(びはだ)
고운 피부

ゆったり
느긋하게

のんびり
한가로이

湯(ゆ)めぐり
온천 탐방, 순회

源泉(げんせん)かけ流(なが)し
온천수 그대로

展望(てんぼう)
전망

懐石料理(かいせきりょうり)
(료칸에서 즐기는) 정찬 코스 요리

一休み 문화 톡톡

• 일본의 3대 온천 •

● 兵庫의 有馬温泉 (ひょうご / ありま)

일본 나라(奈良) 시대의 모습이 그대로 간직되어 있는 것이 특색인 효고의 '아리마 온천'. 요양천으로 지정될 정도로 온천수의 종류에 따라 색이 다르게 보이는 金銭(きんせん)(철분과 염분 함유)과 銀線(ぎんせん)(라듐과 탄산 함유)이 유명하다.

www.arima-onsen.com

● 群馬의 草津温泉 (ぐんま / くさつ)

일본 온천 중 가장 많이 뿜어져 나오는 온천수로 유명한 군마의 '쿠사츠 온천'. 근처에만 가도 멀리서 보이는 증기와 유황 냄새에 압도당하게 되는 곳으로 매일 용출되는 온천수의 양이 많고 강한 산성을 띠기 때문에 소독과 살균작용이 높은 것으로 유명하다. 온천마을의 중심이라고도 불리는 湯畑(ゆばたけ)에서 온천의 정취를 물씬 느낄 수 있다.

www.kusatsu-onsen.ne.jp

● 岐阜의 下呂温泉 (ぎふ / げろ)

다른 지역의 온천수보다 매끈거리는 것이 특징으로 미인 온천으로도 유명한 기후의 '게로 온천'. 개구리울음소리가 ゲロゲロ(개굴개굴)라고 우는 것에서 따온 이곳의 마스코트인 개구리 캐릭터가 마을 곳곳을 안내해 주고 있다. 온천 거리에는 足湯(あしゆ)(족탕)를 무료로 즐길 수 있으며 작은 시골의 정취를 맛볼 수 있는 곳이다.

www.gero-spa.com

第5課 생일에 무엇을 받았습니까? 77

友だちがてるてる坊主を作ってくれました。

친구가 '테루테루보즈'를 만들어 주었습니다.

Key point

私はパクさんに韓国を案内してあげました。	나는 박 씨에게 한국을 안내해 주었습니다.
井上さんは弟に辞書を貸してくれました。	이노우에 씨는 (내) 남동생에게 사전을 빌려주었습니다.
キムさんにいい本を紹介してもらいました。	김 씨에게 좋은 책을 소개(해) 받았습니다.

会話

松田　ユンさん、てるてる坊主を作りましたか。

ユン　てるてる…。友だちにもらいましたが、人形ですかね。

松田　あ、友だちがてるてる坊主を作ってくれましたか。
　　　これは雨や曇りの日に、窓のそばに置くものですよ。

ユン　雨の日とかですか。

松田　はい。お出かけの前の日に「明日、いい天気にしてください」とてるてる坊主にお願いをします。

ユン　ええっ、本当に次の日に晴れますか。

松田　ははは。私も小学校以来作ったことないですよ。

Word

- てるてる坊主 테루테루보즈 (맑은 날을 부르는 인형)
- 作る 만들다
- 人形 인형
- 曇りの日 흐린 날
- 窓 창문
- そば 옆
- 置く 두다, 놓다
- 次の日 다음 날
- 晴れる 맑다, 개다
- 小学校 초등학교
- 以来 이후로

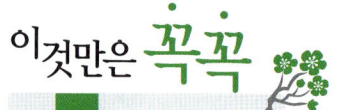

01 수수동사 (Give & Take 동사) (2)

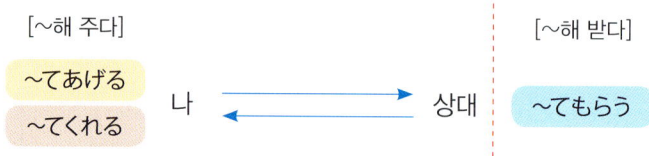

- 동물의 먹이, 식물의 물 / 손아랫사람 : やる(あげる의 의미)
- 다른 사람 → 다른 사람 : あげる
- 다른 사람 → 우리 가족 ┐ くれる
  　　　　　　나의 동료 ┘

~てあげる : (내가 남에게)/(A가 B에게) ~해 주다

私はパクさんに韓国を案内してあげました。　　나는 박 씨에게 한국을 안내해 주었습니다.
田中さんはあやさんに日本語を教えてあげました。　다나카 씨는 아야 씨에게 일본어를 가르쳐 주었습니다.
父に何をしてあげられるか考えました。　　　아버지에게 무엇을 해 줄 수 있을지 생각했습니다.

~てくれる : (남이 나에게)/(다른 사람이 가족, 동료에게) ~해 주다

カンナさんは私にアイスクリームを買ってくれました。　칸나 씨는 나에게 아이스크림을 사 주었습니다.
井上さんは弟に辞書を貸してくれました。　이노우에 씨는 (내) 남동생에게 사전을 빌려주었습니다.
わざわざ来てくれてありがとうございます。　일부러 와줘서 고맙습니다.

~てもらう : ~해 받다

キムさんにいい本を紹介してもらいました。　김 씨에게 좋은 책을 소개(해) 받았습니다.
私は母に野菜を送ってもらいました。　　　나는 어머니에게 야채를 보내 받았습니다.

💡 '~해 받다'의 직역이 어색해서 한국어로 '~해 주다'와 같이 해석하면, 오히려 「てくれる」와 혼동되기 때문에 「てもらう」 (~해 받다)의 일본어 다운 감각을 익히는 것이 좋다!

文法 ポイント

02 〜とか ~라든가/든지, ~ 등

北海道(ほっかいどう)には牛(うし)とか馬(うま)とかがたくさんいます。

홋카이도에는 소나 말이 많이 있습니다.

日本ではワンピスとかナルトとかのアニメが有名です。

일본에서는 원피스나 나루토 같은 애니메이션이 유명합니다.

💡 비슷한 사물이나 동작에 대해 2개 정도의 예를 들 때 사용!

03 〜ために ① ~ 위해서 [목적] ② ~ 때문에 [원인, 이유]

① 英語(えいご)に勉強(べんきょう)をするためにアメリカの大学に留学(りゅうがく)します。

영어 공부를 하기 위해서 미국 대학으로 유학을 갑니다.

② 雪(ゆき)が降ったために電車が止(と)まりました。

눈이 내렸기 때문에 전차가 멈췄습니다.

💡 13과 표 참고 [수수동사의 존경/겸양 표현]

あげる (↓)	さしあげる	드리다
くれる (↑)	くださる	주시다
もらう (↓)	いただく	받다

・Word・ 案内(あんない) 안내 ・ 教(おし)える 가르치다 ・ 考(かんが)える 생각하다 ・ 辞書(じしょ) 사전 ・ 貸(か)す 빌려주다 ・ わざわざ 일부러
紹介(しょうかい) 소개 ・ 野菜(やさい) 야채 ・ 送(おく)る 보내다 ・ 勉強(べんきょう) 공부 ・ 留学(りゅうがく) 유학 ・ 雪(ゆき) 눈 ・ 止(と)まる 멈추다

🎧 MP3 17

1 단어를 활용하여 〈보기〉와 같이 말해 보세요.

보기

母 —かばん・買う→ 私

① 母は私にかばんを買ってくれました。
② 私は母に(から)かばんを買ってもらいました。

(1) 山田さん —日本の本・貸す→ 私

(2) 本田さん —ワイン・送る→ 私

2 빈 칸에 알맞은 단어를 넣고 문장을 완성하여 말해 보세요.

A : すみませんが、ちょっと＿＿＿＿＿てくれませんか。
B : ええ、いいですよ。

(1)
荷物を持つ

(2)
宿題を手伝う

(3) ペンを貸す

(4)
本を見せる

会話 ペラペラ

3 다음 〈보기〉와 같이 말해 보세요.

> **보기**
> (わざわざ来る)
> ➡ わざわざ来てくれてありがとうございます。

(1) 引(っ)越しを手伝う

(2) いい人を紹介する

(3) 日本語の作文を直す

(4) この間、傘を貸す

Word 送る 보내다・荷物 짐・持つ 들다・宿題 숙제・手伝う 돕다・貸す 빌려주다・見せる 보여주다
引(っ)越し 이사・作文 작문・直す 고치다・この間 요전에・傘 우산

聞き取り

🎧 MP3 18

1 녹음을 듣고 문장을 완성해 보세요.

(1) 佐藤さんが私に日本語を＿＿＿＿＿＿＿＿＿＿＿＿＿。

(2) すみませんが、ちょっと＿＿＿＿＿＿＿＿＿＿＿＿＿。

(3) 私は渡辺さんに駅まで＿＿＿＿＿＿＿＿＿＿＿＿＿。

2 녹음을 듣고 선물 준 사람과 그림에서 받은 선물을 선택하세요.

〈선물 준 사람〉	〈받은 선물〉		〈선물 준 사람〉	〈받은 선물〉
(1) ＿＿＿＿	＿＿＿＿	(2)	＿＿＿＿	＿＿＿＿
(3) ＿＿＿＿	＿＿＿＿	(4)	＿＿＿＿	＿＿＿＿

ⓐ (케이크)　　ⓑ (와인)

ⓒ (장갑)　　ⓓ (꽃다발)

ライティング

다음 문장을 일본어로 적어 보세요.

(1) 나는 치아키 씨에게 책을 선물해 주었습니다.
_____

(2) 엄마가 나에게 일본 요리 만드는 법을 가르쳐 주었습니다.
　　(日本料理の作り方・教える) _____

(3) 나는 김 씨에게 우산을 빌려 받았습니다. (傘・貸す)

読み取り

다음을 읽고 내용과 맞으면 O, 다르면 X를 표시하세요.

[アンケート]
恋人に振られた友だちに何と声をかけられますか。

富山　「時間が解決してくれるよ」と言ってあげたい。
山本　「私の前で泣いていいから」と励ましてあげたい。
北川　「気分転換にどこか行こう」と誘う。
石原　ただ話しを聞いてあげたい。

・Quiz

(1) 振られた友だちに「励ましてあげたい」と答えた人がいる。　(O / X)

(2) 振られた友だちに何も言わないのはよくないと答えた人がいる。　(O / X)

・Word　恋人 애인・振られた 차이다・解決 해결・励ます 격려하다・気分転換 기분전환・誘う 권유하다・
答える 답하다

一休み

오미야게 이모저모

煎餅(せんべい)	센베
明太子(めんたいこ)	명란 (젓)
バームクーヘン	바움쿠헨 (독일 케이크)
湿布(しっぷ)	파스
目薬(めぐすり)	안약
風邪薬(かぜぐすり)	감기약
お惣菜(そうざい)	반찬
地酒(じざけ)	토속주
柚子胡椒(ゆずこしょう)	유자 후추 (조미료)
和菓子(わがし)	화과자 (일본풍)
洋菓子(ようがし)	양과자 (서양풍)
お歳暮(せいぼ)	연말 선물
贈(おく)る	(선물) 보내다
5個入(こい)り	5개입
詰(つ)め合(あ)わせ	세트 (여러 가지 섞어 담음)

일본의 독특한 선물

일본에서는 생일이나 기념일 등 특정한 날 뿐만 아니라, 가까운 곳에 여행을 다녀오거나 먼 출장을 다녀온 후, 지인이나 직장 동료들에게 선물(プレゼント)을 주는 것이 일반화되어 있다. お土産(みやげ)는 '나의 일상생활로부터 감사한 마음을 표현하는 작은 표시'라는 의미로써, 덕분에 사고 없이 무탈하게 잘 다녀왔다는 의미로 이해할 수 있다. 거창하게 고액의 물품이 아닌, 그 지역의 특산품을 나타낼 수 있는 작은 간식이나 손수건, 동전지갑, 문구류 등으로 받는 사람도 부담을 느끼지 않을 정도의 것으로 하는 것이 일반적이다.

ほんの気(き)持(も)ちですが…   작은 마음입니다만 …

お口(くち)に合(あ)うと嬉(うれ)しいのですが…   입에 맞으면 좋겠습니다만 …

○○さんがお好(す)きだと伺(うかが)ったので…   ○○ 씨가 좋아하신다고 들어서 …

第 7 課

天気が良ければ、ドライブに行きたいです。

날씨가 좋으면, 드라이브하러 가고 싶어요.

Key point

これからどうすればいいですか。	앞으로 어떻게 하면 좋겠습니까?
日本語は勉強すればするほどおもしろいです。	일본어는 공부하면 할수록 재미있습니다.
明日会社へ行かなければなりません。	내일 회사에 가야만 합니다.

회화

ハン　希<ruby>さん、中間テストは終わりましたか。

希　はい、終わりました。

　　でも、明日まで出さなければならないレポートが一つあります。

ハン　そうですか。じゃ、今週末一緒に気分転換でもしませんか。

希　いいですね。天気がよければ、ドライブに行きたいです。

ハン　じゃ、私がカーシェアリングを予約します。

　　予約は早ければ早いほどいいですよね。

希　前にも使ったことあるし、アプリですぐできるから予約は私がします。

ハン　じゃ、よろしくお願いします。楽しみです。

Word

- 終わる 끝나다
- レポート 리포트
- 今週末 이번 주말
- 気分転換 기분전환
- カーシェアリング 카 셰어링
- 楽しみ 기대됨

01 가정조건 표현 (〜ば) ~하면

품사		규칙	예		
동사	1그룹	• う단(모음) → え단(모음) + ば	会う	→	会えば
			行く	→	行けば
			話す	→	話せば
			待つ	→	待てば
			呼ぶ	→	呼べば
			飲む	→	飲めば
			乗る	→	乗れば
			帰る ★1	→	帰れば
	2그룹	① 〜る + ② い, え단 • 〜る → れば	みる	→	見れば
			たべる	→	食べれば
			おきる	→	起きれば
	3그룹	• する → すれば • くる → くれば	勉強する	→	勉強すれば
			来る	→	来れば
い형용사		〜い → ければ	寒い	→	寒ければ
			いい ★주의	→	よければ
な형용사		〜だ → なら(ば)	好きだ	→	好きなら(ば)
			暇だ	→	暇なら(ば)
명사		명사 + なら(ば)	週末	→	週末なら(ば)
			風邪	→	風邪なら(ば)

💡 '가정·조건 표현'「と」,「なら」,「ば」,「たら」주로 사용되는 쓰임새 정리!

- AとB (~하면, ~더니) : 자연현상, 반복적인 습관, 기계 조작 … (Step2 p.148)

  * 발견 용법 - 昨日デパートへ行くと、定休日だった。(と:~(하)더니/~(이)니까)

    A (동작) ──────▶ B (결과)

- AならB (~하면) : A에 대한 조언이나 의견 … (Step2 p.119)

- AばB (~하면) : A 성립→B도 성립, A 성립 X→B 성립 X

    明日雨が降れば、運動会は中止です。

    속담이나 관용구

- AたらB (~하면, ~한다면, ~더니, ~하는 게 어때) : 쓰임이 가장 多 … (Step2 p.128)

文法 ポイント

02 〜ば…ほど ~하면 …할수록

日本語は勉強すればするほど難しくなります。　　일본어는 공부하면 할수록 어려워집니다.
彼女に会えば会うほど好きになります。　　　　그녀를 만나면 만날수록 좋아집니다.

お金は多ければ多いほどいいです。　　　　　　돈은 많으면 많을수록 좋습니다.
駅から近ければ近いほど家賃は高くなります。　　역에서 가까우면 가까울수록 집세는 비싸집니다.

試験は簡単ならば簡単なほど嬉しいです。　　　　시험은 간단하면 간단할수록 기쁩니다.
アイドルは有名ならば有名なほど忙しくなります。　아이돌은 유명하면 유명할수록 바빠집니다.

💡　동사　　　：〜ば … 사전형 ほど
　　い형용사　：〜ば … 〜いほど
　　な형용사　：〜ば … 〜なほど / 〜であれば … であるほど

03 〜なければならない ~하지 않으면 안 된다, ~해야 한다

明日は休みなのに会社へ行かなければなりません。　내일은 토요일인데도 회사에 가야만 합니다.
モデルは背が高くなければなりません。　　　　　모델은 키가 커야만 합니다.
使い方は簡単じゃ(では)なければなりません。　　사용법은 간단해야만 합니다.
今日じゃ(では)なければなりません。　　　　　　오늘이 아니면 안 됩니다.

Word　家賃 집세 · 試験 시험 · 嬉しい 기쁘다 · 〜(な)のに ~인데도 (불구하고)

🎧 MP3 20

1 다음 〈보기〉와 같이 말해 보세요.

> •보기•
> (急に太る / 運動する)
> A : 急に太ったんですが、どうすればいいですか。
> B : 運動すればいいですよ。

(1) 車が故障した / 修理に出す

(2) 寝坊する / タクシーに乗る

(3) 風邪を引く / 薬を飲む

(4) 名刺を忘れる / 課長に聞く

2 다음 〈보기〉와 같이 의무 표현을 말해 보세요.

> • 보기 •
> (ご飯を食べる時、スプーンを使う)
> ⇒ ご飯を食べる時、スプーンを使わなければなりません。

(1) もうすぐ会議ですから、資料を配る

(2) 目上の人とお酒を飲む時は横を向いて飲む

(3) 明日、人間ドックですから、早く帰る

(4) 急に休みを取る時は理由をきちんと説明する

• Word •
急に 갑자기 · 太る 살찌다 · 運動 운동 · 故障 고장 · 修理に出す 수리를 맡기다 · 寝坊する 늦잠 자다
風邪を引く 감기에 걸리다 · 名刺 명함 · 課長 과장 · 資料 자료 · 配る 나눠주다 · 目上の人 손윗사람
横を向く 옆을 보다 · 人間ドック 건강검진 (종합 검사) · 理由 이유 · 説明 설명

聞き取り 🎧 MP3 21

1 녹음을 듣고 문장을 완성해 보세요.

(1) 日本語は勉強＿＿＿＿＿＿＿＿＿＿面白いです。

(2) この場合は＿＿＿＿＿＿＿＿＿＿。

(3) タバコを＿＿＿＿＿＿＿＿＿＿。

2 녹음을 듣고 그림과 내용이 맞으면 O, 다르면 X를 표시하세요.

(1) (O / X)

(2) (O / X)

(3) (O / X)

(4) (O / X)

• Word • 軽い 가볍다

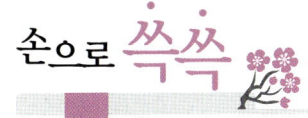

ライティング

다음 문장을 일본어로 적어 보세요.

(1) 날씨가 좋으면 드라이브 가고 싶습니다. _____

(2) 싸면 쌀수록 좋습니다. _____

(3) 오늘은 빨리 집에 가야만 합니다. _____

読み取り

다음을 읽고 내용과 맞으면 O, 다르면 X를 표시하세요.

急に５キロも太ったから、ダイエットをしている。友だちやジムの先生などいろいろなアドバイスをしてくれた。

ケン 「リナ、夜遅く食べなければやせられるよ。」
マリ 「何も食べなければ健康に悪いよ。」
鈴江 「カロリーが低いものを食べればいいよ」
ジムの先生 「リナさん、毎日運動すればやせられますよ。」

他に何に気をつければいいか、もう少し考えてみよう。

• Quiz

(1) 最近リナはダイエットに成功した。　　　　　　　　　（ O / X ）

(2) リナは周りの人からアドバイスをしてもらった。　　（ O / X ）

• Word　場合 경우・健康 건강・悪い 나쁘다・低い 낮다・やせる 야위다, 살이 빠지다・気をつける 주의하다
少し 조금・考える 생각하다

속담 표현

1. 정들면 고향

   住めば都
   （す）（みやこ）

2. 호랑이도 제 말 하면 온다.

   噂をすれば影がさす。
   （うわさ）（かげ）

3. 약도 지나치면 독이 된다.

   薬も過ぎれば毒となる。
   （くすり）（す）（どく）

4. 다른 사람을 저주하면 자기에게 돌아온다.

   人を呪わば穴二つ。
   （のろ）（あなふた）

5. 고생 끝에 낙이 온다.

   苦あれば楽あり。
   （く）（らく）

6. 하면 된다.

   成せばなる。
   （な）

7. 유비무환 (준비가 되어있으면 걱정 없다.)

   備えあれば憂いなし。
   （そな）（うれい）

8. 털어서 먼지 안 나는 사람 없다.

   叩けば埃が出る。
   （たた）（ほこり）（で）

9. 급할수록 돌아가라.

   急がば回れ。
   （いそ）（まわ）

10. 평범한 사람도 셋이 모이면 (문수보살 같은) 지혜가 나온다.

    三人寄れば文殊の知恵。
    （よ）（もんじゅ）（ちえ）

문화 톡톡 一休み

• 일본의 다도문화 •

일본의 '다도(茶道)'는 마음을 가라앉히면서 차를 끓여 손님에게 대접하는 의식으로, 단순히 차를 마시는 것뿐만 아니라 대접하는 사람의 마음이나 쓸쓸한 외로움 등 다양한 마음가짐을 음미하는 문화 중 하나이다. 이러한 茶道의 정신과 마음가짐을 '四規七則(4가지 규율과 7가지 법칙)'이라고 한다.

和敬清寂의 정신을 살펴보자.

和	서로 온화한 마음으로 하나 될 것
敬	서로 인정하고 존경할 것
清	보이는 것뿐만 아니라 내면도 깨끗하게 할 것
寂	마음을 정숙하게 다스릴 것

이를 토대로 茶道를 할 때는 '마음을 담아, 본질을 잘 파악하고, 계절감을 소중히 하고, 생명을 존중하고, 여유를 가지며, 부드러운 마음을 가지고 서로 존중하라'는 의미를 새기면서 차를 음미하는 시간을 가지라는 의미가 담겨있다.

● 기본 도구

茶筅 거품 내는 도구 (차선)
茶碗 찻그릇
茶入・棗 차 통
茶杓 차 수저 (차시)

第7課 날씨가 좋으면, 드라이브하러 가고 싶어요.

第 8 課

ユキさんは最近恋愛しているそうです。

유키 씨는 요즘 연애하고 있다고 합니다.

Key point

天気予報によると、明日は雨が降るそうです。	일기예보에 의하면 내일은 비가 온다고 합니다.
木村さんは最近ダイエットをしているらしいです。	일본어는 공부하면 할수록 재미있습니다.
彼は男らしい人です。	그는 남자다운 사람입니다.

リエ	お久しぶりです。お元気でしたか。
仁美	リエちゃん、お久しぶり。由紀さんは一緒じゃないの？
リエ	後で来るらしいです。
仁美	充から聞いたけど、いいことあるでしょう。由紀に。
リエ	ははは。最近恋愛しているそうです。
仁美	そうだと思った。きれいになったし。
リエ	由紀さんによると、彼氏はとても男らしい人だそうです。
仁美	そう。後で二次会でゆっくり話聞いてみようね。

Word

- 恋愛 연애
- ～によると ～에 의하면
- ～てみる ～해 보다
- ～し ～(이)고, ～인 데다가
- 後で 나중에, 이따가
- 二次会 2차 (모임, 회식)

01 そうだ (1) ~(라)고 하다 [전문]

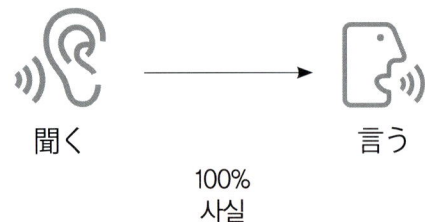

聞く　→　言う
100% 사실

동사	
い형용사	보통형 + そうだ
な형용사	
명사	

ユキさんは来月結婚するそうです。　　유키 씨는 다음 달 결혼한다고 합니다.
あの店はおいしいそうです。　　저 가게는 맛있다고 합니다.
キムさんはビールが好きだそうです。　　김 씨는 맥주를 좋아한다고 합니다.
天気予報によると、明日は雨だそうです。　　일기예보에 의하면, 내일(날씨)은 비라고 합니다.

💡 주로 「~によると」, 「~によれば」와 같이 사용!

02　らしい ~(인) 것 같다

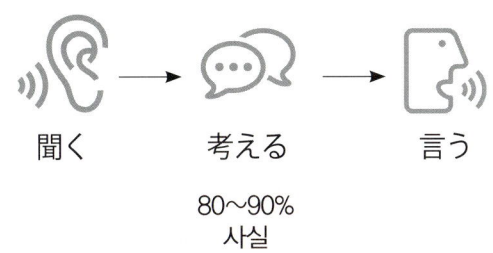

聞く　→　考える　→　言う
　　　　80~90%
　　　　사실

동사	
い형용사	보통형 + らしい
な형용사	
명사	

💡 な형용사 현재형의 경우「~だ」를 빼고「~らしい」를 접속한다.

田中さんは最近ダイエットしているらしいです。　다나카 씨는 요즘 다이어트하고 있는 것 같습니다.

試験は難しいらしいです。　시험은 어려운 것 같습니다.

あの人は日本でかなり有名らしいです。　저 사람은 일본에서 꽤 유명한 것 같습니다.

二次会の場所はここらしいですよ。　2차 모임 장소는 여기인 것 같아요.

💡 **らしい의 다른 용법!**

명사 + ~らしい : ~답다

男らしい 남자답다　　女性らしい 여성답다　　子供らしい 아이답다

• **Word** 結婚 결혼 · 天気予報 일기예보 · かなり 꽤 · 二次会 2차 (모임, 회식) · 場所 장소

🎧 MP3 23

1 다음 〈보기〉와 같이 말해 보세요.

> •보기•
> (大きい事故がありました)
> A: ニュースによると、大きい事故があったそうです。
> B: そうなんですか。

(1) 来週から梅雨です

(2) 犯人がつかまりました

(3) 明日はとても寒いです

(4) 来月発売する新製品は便利です

会話 ペラペラ

2 다음 〈보기〉와 같이 らしい・らしくない를 활용하여 말해 보세요.

> ・보기・
> 女　　：幼い頃、かわいくて<u>女らしい</u>服が好きでした。
> あなた：遅刻するなんて、<u>あなたらしくない</u>ね。

(1) 男
　　時々、＿＿＿＿＿＿＿＿＿＿行動を見せるところが彼の魅力ですよ。

(2) 子供
　　＿＿＿＿＿＿＿＿＿＿アイデアを出してびっくりしました。

(3) 大学生
　　今年は＿＿＿＿＿＿＿＿＿＿生活をしようと思います。

(4) 夏休み
　　どこへも行っていなくて、＿＿＿＿＿＿＿＿＿＿です。

・Word・
事故（じこ）사고・梅雨（つゆ）장마・犯人（はんにん）범인・つかまる 붙잡다・発売（はつばい）발매, 출시・新製品（しんせいひん）신제품・幼い頃（おさないころ）어렸을 때・遅刻（ちこく）지각・行動（こうどう）행동・見せる（みせる）보여주다・魅力（みりょく）매력・びっくりする 놀라다・生活（せいかつ）생활

聞き取り

🎧 MP3 24

1 녹음을 듣고 문장을 완성해 보세요.

(1) 先輩は留学試験に_____。

(2) 今年の就職は_____。

(3) _____とかわいくないと思います。

2 녹음을 듣고 변경된 시험에 대한 정보를 모두 고르세요.

(1) テストの科目 ： ⓐ 英語　　ⓑ 日本語　　ⓒ 中国語

(2) テストの場所 ： ⓐ 教室　　ⓑ 図書館　　ⓒ 運動場

(3) テストの方法 ： ⓐ 読む　　ⓑ 書く　　ⓒ 聞く　　ⓓ 話す

(4) 使えるもの　 ： ⓐ 辞書　　ⓑ ケータイのアプリ　　ⓒ タブレット

Memo

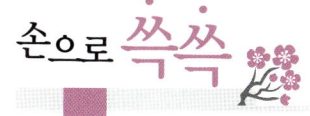

ライティング

다음 문장을 일본어로 적어 보세요.

(1) 뉴스에 의하면 내일은 춥다고 합니다.

(2) 시험은 어려울 것 같습니다.

(3) 남자다운 사람입니다.

読み取り

다음을 읽고 내용과 맞으면 O, 다르면 X를 표시하세요.

[忘れ物のお知らせ]

昨日の夕方、木村先生が学院のロビーで財布と傘を拾ったそうです。
身分証が入っていなかったため、一応受付のところに預けたそうです。
財布や傘を忘れた方(持ち主)は受付までご連絡ください。

- 令和XX年 4月 5日 ABC 学院長 -

· Quiz

(1) 財布を忘れた人は受付に電話すればいい。　　(O / X)

(2) 受付では、毎週財布と傘などを預かっている。　　(O / X)

· Word ▸ 就職 취직 · 科目 과목 · 場所 장소 · 方法 방법 · 辞書 사전 · アプリ 앱 · タブレット 태블릿 PC
忘れ物 분실물 · お知らせ 알림 · 夕方 저녁 · 拾う 줍다 · 身分証 신분증 · 一応 일단 · 受付 접수(처)
預ける 맡기다 · 持ち主 소유자, 주인

一休み

자연재해

<ruby>地震<rt>じしん</rt></ruby>	지진
<ruby>津波<rt>つなみ</rt></ruby>	해일
<ruby>台風<rt>たいふう</rt></ruby>	태풍
<ruby>洪水<rt>こうずい</rt></ruby>	홍수
<ruby>大雪<rt>おおゆき</rt></ruby>	폭설
<ruby>吹雪<rt>ふぶき</rt></ruby>	눈보라
<ruby>災害<rt>さいがい</rt></ruby>	재해
<ruby>震災<rt>しんさい</rt></ruby>	지진재해
<ruby>被害<rt>ひがい</rt></ruby>	피해
<ruby>死傷者<rt>ししょうしゃ</rt></ruby>	사상자
<ruby>恐れ<rt>おそ</rt></ruby>	우려
<ruby>気象庁<rt>きしょうちょう</rt></ruby>	기상청
<ruby>雪下ろし<rt>ゆきお</rt></ruby>	지붕에 쌓인 눈 치우기
ホワイトアウト	눈이 많이 덮여 안 보임
ライフライン	생명유지 위한 전기, 수도, 통신 시스템

一休み 문화 톡톡

• 일본의 지진재해 •

2011년 발생한 '동일본 대지진(東日本大震災)'은 규모 9.0의 지진으로 많은 사상자와 피난민 등이 초래된 자연재해이다. 게다가 후쿠시마 원자력 발전소까지 지진해일이 덮쳐서 방사능 누출이라는 사고까지 초래되었다.

1923년에 발생한 '관동 대지진(関東大地震)'과 1995년에 일어난 '고베 대지진(阪神・淡路大震災)' 이후로 가장 큰 지진재해였다. 일본 열도가 환태평양 지진대에 속해 있고 화산이 많아서 지진이 빈번하게 발생될 수밖에 없는 지형이기 때문일 것이다.

무엇보다 東日本大震災은 해일(津波)의 경보가 실제보다 낮게 예보되어 피난이 늦어지는 등 많은 피해가 발생했다. 이후 이를 바탕으로 새로운 津波 경보를 운영하게 되었다.

<津波警報・注意報の例の一部>

大津波警報 ： 大きな津波が襲い甚大な被害が発生します。
대형 쓰나미 경보 ： 큰 쓰나미가 덮쳐 막대한 피해가 발생합니다.

津波警報 ： 津波による被害が発生します。
쓰나미 경보 ： 쓰나미로 인한 피해가 발생합니다.

津波注意報 ： 海の中や海岸付近は危険です。
쓰나미 주의보 ： 바닷속이나 해안 부근은 위험합니다.

第 9 課

暖かそうですね。

따뜻할 것 같아요. (따뜻해 보여요.)

Key point

今にも雨が降りそうです。	당장에라도 비가 올 것 같습니다.
まじめそうな人ですね。	성실해 보이는 사람이군요.
暇そうにテレビを見ています。	한가한 듯 TV를 보고 있습니다.

회화

渡部　そのセーター暖かそうですね。素材もよさそうだし。

ヘジン　これは、クリスマスに買ったカシミヤのセーターです。

渡部　高そうに見えましたよ。

　　　そういえば、山田さんの送別会のプレゼントに

　　　カシミヤのマフラーはどうですかね。

ヘジン　いいですね。山田さんが好きそうな色は…。

渡部　山田さんは着こなしがうまいので、ベージュ色はどうですか。

ヘジン　そうしましょうか。

　　　さっき通りかかったところにおいしそうなバームクーヘンが

　　　ありましたけど、食べに行きませんか。

渡部　はい。そうしましょう。

Word

- 暖かい 따뜻하다
- 素材 소재
- カシミヤ 캐시미어
- そういえば 그러고 보니
- 送別会 송별회
- マフラー 머플러
- 着こなしがうまい 옷 맵시가 좋다, 옷을 센스 있게 잘 입다
- ベージュ 베이지
- さっき 아까
- 通りかかる 마침 지나가다
- バームクーヘン 바움쿠헨 (독일 케이크)

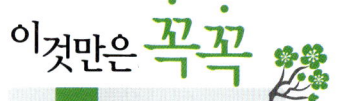

01 そうだ (2) ~해 보이다, ~(일) 것 같다/듯하다 [양태]

い・な형용사 : '눈'으로 본 음식

동사 : '금방' 일어날 것 같은 동작

동사	동사의 ます형 + そうだ	今にも雨が降りそうです。 금방이라도 비가 올 것 같다.
い형용사	~い + そうだ *주의 : よさそうだ 좋을 것 같다 なさそうだ 없을 것 같다	このケーキ、おいしそうです。 이 케이크, 맛있어 보인다.
な형용사	~だ + そうだ	田中さんは暇そうです。 다나카 씨는 한가한 것 같다.
명사		

💡 주의!

(1) 가장 좋아하는 연예인이 '눈' 앞에 등장했을 때,

　　'○○ 씨 같아요', '○○처럼 보여요' 사용하지 X! → 명사 + そうだ (양태)와 활용하지 X

(2) 눈으로 바로 확인할 수 있는 かわいい、きれいだ 등 역시 そうだ (양태)와 활용하지 X

文法 ポイント

02 そうだ의 활용

~そうな + 명사	~해 보이는 ~(인) 것 같은	雨が降りそうな天気です。 비가 내릴 것 같은 날씨입니다. おいしそうなケーキです。 맛있어 보이는 케이크입니다. 暇そうな人です。 한가해 보이는 사람입니다.
~そうに + 동사	~해 보이게 ~(인) 것 같이	時間がなさそうに、時計を見ています。 시간이 없는 것 같이, 시계를 보고 있습니다. おいしそうに食べています。 맛있어 보이게 먹고 있습니다. 暇そうにテレビを見ています。 한가한 듯 TV를 보고 있습니다.

03 そうだ의 부정

동사	동사의ます형 + そうに(も)ない	まだ終わりそうに(も)ない。 아직 끝날 것 같지 않다.
い형용사	~い + そう じゃない 　そうだ　　부정 ~じゃない さそうだ 　부정　　　そうだ	おいしそうじゃない。 = おいしくなさそうだ。 맛있을 것 같지 않다. = 맛있지 않을 것 같다.
な형용사	~だ + そう じゃない 　そうだ　　부정 ~じゃない さそうだ 　부정　　　そうだ	暇そうじゃない。 = 暇じゃなさそうだ。 한가할 것 같지 않다. = 한가하지 않을 것 같다.

1 〈보기〉와 같이 바꾸어 말해 보세요.

> 보기
> 疲(つか)れて死(し)ぬ ➡ 疲れて死にそうです。

(1) 車にぶつかる

(2) ボタンが取(と)れる

(3) 試合(しあい)に勝(か)つ

2 〈보기〉와 같이 바꾸어 말해 보세요.

> 보기
> 厳(きび)しい ➡ 彼は厳しそうな人です。

(1) やさしい

(2) 面白い

(3) 頭がいい

3 다음 〈보기〉와 같이 말해 보세요.

> **보기**
> (キムさん / 暇だ / テレビを見る)
> A : <u>キムさん</u>は何をしていますか。
> B : <u>暇</u>そうに<u>テレビを見</u>ています。

(1) 鈴木さん / 眠い / 仕事をする

(2) ハンナさん / 幸せだ / 電話をする

(3) 福田さん / 忙しい / メールを送る

(4) ジョンさん / 嬉しい / 笑う

Word 疲れる 피곤하다 · ぶつかる 부딪히다 · ボタンが取れる 단추가 떨어지다 · 試合 시합 · 勝つ 이기다
厳しい 엄하다 · やさしい 상냥하다 · 眠い 졸리다 · 笑う 웃다

聞き取り

🎧 MP3 27

1 녹음을 듣고 문장을 완성해 보세요.

(1) 今にも雨が_____。

(2) _____ケーキですね。

(3) 彼は頭が_____。

2 녹음을 듣고 사진으로 보이는 인상과 실제 모습이 어떤지 적어 보세요.

	<イメージ>	<実際>
(1) 彼氏	_____	_____
(2) 先生	_____	_____
(3) 先輩	_____	_____
(4) 兄	_____	_____

Memo

Word 見た目 겉보기・無口 과묵함・文句を言う 불평을 하다

ライティング

다음 문장을 일본어로 적어 보세요.

(1) 머리가 좋을 것 같습니다. _____

(2) 바빠 보이네요. _____

(3) 내일 맑을 것 같지 않습니다. _____

読み取り

다음을 읽고 내용과 맞으면 O, 다르면 X를 표시하세요.

今年の夏休みには、韓国へ遊びに行ってきました。辛そうなトッポッキやニンニクが入ったチキンまでいろいろな食べ物がありました。私はその中でも「ロゼトッポッキ」が一番おいしかったです。猫舌なので、少し冷めてから食べましたけど、それでもおいしかったです。韓国の友だちから、「ダークモカチップクリームフラペチーノ」という、とても甘そうな飲み物をごちそうしてもらいました。日本ではあまり飲みませんが、限定だったしせっかくだから試しに飲んでみました。私はやっぱり甘いものが苦手だと思いました。

· Quiz ·

(1) 辛そうな料理は苦手です。　　　　　　　　　　（ O / X ）
(2) 甘そうな飲み物だったが、飲んでみた。　　　　（ O / X ）

· Word · 辛い 맵다 · 猫舌 고양이 혀처럼 뜨거운 걸 잘 못 먹는 것 · 冷める 식다 · 限定 한정

• 료칸에 있는 유카타 •

　　온천여행으로 료칸(旅館)에 가면 샤워 가운처럼 보이는 옷이 있다. 기모노(着物)의 한 종류인 유카타(浴衣)는 얼핏 보기에는 기모노와 비슷하게 보이지만, 일상생활 속에서 간편하게 입을 수 있어서 주로 목욕한 후 또는 불꽃놀이(花火)를 볼 수 있는 여름 축제(お祭り) 때 많이 착용한다.

　　着物처럼 갖추어 입지 않아도 되지만, 浴衣를 입을 때는 오른쪽을 안으로 먼저 넣고 왼쪽 천이 위로 오도록 입는다. 이때 허리띠(帯紐)를 메는 법과 옷맵시 포인트 및 浴衣를 입었을 때 주의할 점 등을 살펴보자.

● **매듭 묶기**

1. 帯とお腹の中心を揃えて巻く。　　허리띠와 배 중심을 맞춰서 두른다.

2. 右手側が上に来るように結ぶ。　　오른쪽 끈이 위로 오도록 묶는다.

3. 左手側を輪にしてリボン結び。　　왼쪽 끈을 원으로 해서 리본을 묶는다.

● 옷맵시 포인트

여성 : 뒤의 옷깃(襟)을 당겨서 주먹 하나가 들어갈 정도로 목 라인(襟あし)을 드러내주는 것이 예쁘다.

남성 : 매듭(結び目)을 뒤로 돌려서 살짝 어긋나게 하여 배꼽 부근까지 내려주는 것이 깔끔하다.

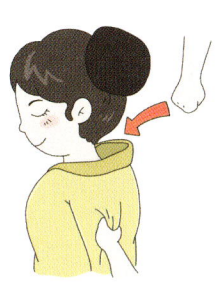 

● 주의할 점

1. 手を伸ばす時は袖口を押さえる。   손을 뻗을 때는 소매 끝단을 누른다.

2. イスに座る時は両膝を揃える。   의자에 앉을 때는 양 무릎을 가지런히 한다.

3. しゃがむ時は腰からを意識。   쭈그리고 앉을 때는 허리춤을 의식한다.

4. 階段では裾を軽く持ち上げる。   계단에서는 옷자락을 가볍게 들어 올린다.

第 10 課

道が混んでいるみたいです。

길이 막히는 것 같습니다.

Key point

どうやら風邪を引いたみたいです。	아무래도 감기에 걸린 것 같습니다.
ブラウニーのような甘いものが食べたいです。	브라우니 같은 단 것을 먹고 싶습니다.
あの選手みたいになりたいです。	저 선수처럼 되고 싶습니다.

회화

🎧 MP3 28

松下 すみません。今、ホンデ駅に向かう道なんですが、なぜか道がすごく混んでいて、何か事故があったみたいですよ。

カン そうなんですか。金曜日だし、明日から連休ですからね。

松下 救急車の音も聞こえました。
渋滞時間も考えて出発したんですが、本当にすみません。
先に何か頼んで食べていてくださいね。

………(電話を切ってジヒョンさんと話している)………

カン 松下さんからの電話でしたが、道がすごく混んでいるみたいですよ。

ジヒョン そうですか。どうしましょうか。

カン 先に食べていてと言ったけど、もう少し待ちましょうか。

Word

- 向かう 향하다
- 混む 막히다
- 連休 연휴
- 救急車 구급차
- 音 소리
- 聞こえる 들리다
- 渋滞 정체
- 先に 먼저
- 頼む 부탁하다, 주문하다

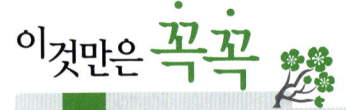

01 ようだ / みたいだ ~(인) 것 같다, ~(일) 것 같다

	ようだ	みたいだ (회화체)
동사 / い형용사	보통체 + ようだ	보통체 + みたいだ
な형용사	~だ + な + ようだ	~だ + みたいだ
명사	명사 + の + ようだ	명사 + みたいだ

[주관적인 추측] どうやら(아무래도)와 같은 부사와 어울림

昨日から熱が下がらないんです。風邪を引いたようです。
어제부터 열이 내리지 않습니다. 감기에 걸린 것 같습니다. (= みたいです。)

あの店はいつも人が並んでいるし、おいしいようです。
저 가게는 늘 사람이 줄 서있고, 맛있을 것 같습니다. (= みたいです。)

インスタを見ると、お姉さんは料理が上手なようです。
인스타(그램)을 보면, 언니(누나)는 요리를 잘하는 것 같습니다. (= みたいです。)

いい匂いがするんですね。どうやら晩ご飯はカレーのようです。
맛있는 냄새가 나네요. 아무래도 저녁밥은 카레인 것 같습니다. (= みたいです。)

💡 그 밖에도 「ご存じのように」(아시는 바와 같이), 「以下のように」(이하와 같이), 「次のような結果を…」 (다음과 같은 결과를 …) 등 서두에 말을 하는 표현으로도 자주 사용한다.

文法 ポイント

02　ようだ/みたいだの 활용

💡 「ような+명사」(~같은), 「ように+동사」(~같이) 활용. … 9과 そうだ 활용 참고

[비유/예시] まるで(마치), たとえば(예를 들어)와 같은 부사와 어울림

ような + 명사	まるでサウナの中にいるような天気です。 마치 사우나에 있는 것 같은 날씨입니다. まるで天使のような赤ちゃんですね。 마치 천사 같은 아이네요. この地域は、たとえば柿や梨のような木が多くあります。 이 지역은 예를 들어 감이나 배와 같은 나무가 많이 있습니다.
ように + 동사	一瞬体が浮くように感じました。 순간적으로 몸이 뜨는 것처럼 느껴졌습니다. 彼のように優秀な人材はいないと思います。 그와 같이 우수한 인재는 없을 것이라고 생각합니다.
みたいな + 명사	まるでサウナの中にいるみたいな天気です。 まるで天使みたいな赤ちゃんですね。 この地域は、たとえば柿や梨みたいな木が多くあります。
みたいに + 동사	一瞬体が浮くみたいに感じました。 彼みたいに優秀な人材はいないと思います。

MP3 29

1

〈보기〉와 같이 말해 보세요.

> **보기**
> 誰(だれ)かが来(き)た ➡ 誰かが来たようです。

(1) あのホテルは静(しず)かだ

(2) みんな帰(かえ)った

(3) 留守(るす)だ

2

〈보기〉와 같이 말해 보세요.

> **보기**
> (父(ちち) / 子供(こども) / ゲームばかりする)
> ➡ 父は子供みたいにゲームばかりしています。

(1) 母(はは) / 少女(しょうじょ) / 笑(わら)う

(2) 彼(かれ) / 死(し)んだ / 眠(ねむ)る

(3) 田中(たなか)さん / 電柱(でんちゅう) / 立(た)つ

3 다음 〈보기〉와 같이 말해 보세요.

보기
(生ビール / 冷たいもの)
A : どんな物が飲みたいですか。
B : 生ビールのような冷たいものが飲みたいです。

(1) ブラウニー / 甘いもの
   A : どんな物が食べたいですか。
   B : _____ が食べたいです。

(2) アイフォーン / 新しいケータイ
   A : どんなものがほしいですか。
   B : _____ がほしいです。

(3) マルチーズ / かわいい犬
   A : どんなペットが飼いたいですか。
   B : _____ が飼いたいです。

(4) 済州島(ジェジュド) / 海がきれいなところ
   A : どんなところに住みたいですか。
   B : _____ に住みたいです。

Word 留守 부재중 · 少女 소녀 · 鳥 새 · 滑る 미끄러지다 (얼음을 잘 탈 때도 사용) · 飼う 기르다

聞き取り

🎧 MP3 30

1 녹음을 듣고 문장을 완성해 보세요.

(1) どうやら＿＿＿＿＿＿＿＿＿＿＿＿＿＿＿。

(2) ＿＿＿＿＿＿＿＿＿＿＿＿＿島国(しまぐに)は色々あります。

(3) キムヨナ選手(せんしゅ)＿＿＿＿＿＿＿＿＿＿＿＿＿＿＿。

2 녹음을 듣고 그림과 내용이 맞으면 O, 다르면 X를 표시하세요.

(1)

(O / X)

(2)

(O / X)

(3)

(O / X)

(4)

(O / X)

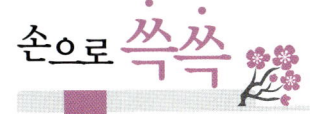

ライティング

다음 문장을 일본어로 적어 보세요.

(1) 사고가 난 것 같습니다. (事故があった)　_____

(2) 요리를 잘 하는 것 같습니다.　_____

(3) 부재중인 것 같군요.　_____

読み取り

다음을 읽고 내용과 맞으면 O, 다르면 X를 표시하세요.

私のクラスには留学生が多くいます。みんなK-Popにはまっているようです。
BTSやBLACKPINKのような歌手のファンクラブに加入した人も何人かいます。
新曲が出た次の日には、みんな目がパンダのようになっています。
どうやら新しいアルバムの曲を夜遅くまで繰り返して聞いたようです。
韓国の歌手が世界的に有名になっていて、何だか嬉しいです。

・Quiz・

(1) 私は韓国の歌手のファンクラブに会員です。　　　　(O / X)

(2) クラスにいる留学生はK-Popが好きみたいです。　　(O / X)

・Word・　島国 섬나라・留学生 유학생・加入 가입・新曲 신곡・繰り返す 반복하다・世界的 세계적
何だか 왠지・会員 가입

一休み

색과 관련된 관용 표현

색깔	관용 표현	의미
빨강	赤(あか)の他人(たにん)	전혀 관계없는 사람
진한 빨강	真(ま)っ赤(か)なうそ	새빨간 거짓말
파랑	青臭(あおくさ)い	미숙하다
	青筋(あおすじ)を立(た)てる	핏대를 올리다, 화내거나 흥분하다
	青田買(あおたが)い	졸업 예정 학생과 입사 계약 맺기 (인재 확보)
	青菜(あおな)に塩(しお)	풀이 죽은 모양
하양	白(しら)を切(き)る	시치미 떼다
	白(しろ)い目(め)で見(み)る	남을 업신여기다, 무시하다
검정	黒幕(くろまく)	배후 인물
	目(め)の黒(くろ)いうち	살아있는 동안

문화 톡톡

정월에 먹는 도시락

정월에 먹는 '오세치 요리(おせち料理)'는 신년을 축하하는 의미로 한 해의 풍년 및 가족들의 건강과 자손의 번영 등을 기원하고자 찬합(重箱)에 여러 가지 음식을 담아내는 요리이다. 축하하고 기원하는 것을 겹쳐놓는다는 의미로 보통 3~5단의 찬합을 연말에 만들어서 정월 초부터 3일 정도 두고 먹기 때문에 보존성이 높은 음식들로 구성되어 있으며 음식마다 각각의 의미를 가지고 있다. 보통 '축하 안주(祝い肴), 입맛 돋우는 곁들이(口取り), 해산물 중심의 구이(焼き物), 절임류(酢物), 조림류(煮物)'로 구성되어 있다.

紅白かまぼこ
홍백 어묵
: 붉은색의 축하

数の子
말린 청어알
: 노랗고 수많은 청어알처럼 자손의 번영

黒豆
검은콩
: 성실히 일함, 건강

れんこん
연근
: 구멍을 통해 밝은 미래와 그것을 볼 수 있는 지혜

田作り
마른 멸치볶음
: 풍년, 풍작

栗きんとん
밤떡
: 황금색의 풍족한 재물운

えび
새우
: 허리가 구부러질 때까지, 긴 수염을 기를 때까지 장수

昆布
다시마
: 喜ぶ와 비슷한 발음으로 가정의 행복과 자손 번영

伊達巻
계란말이
: 흰 살 생선(白) + 계란(黄色)
 = 화려한(伊達) 기모노를 연상

第 11 課

バレンタインデーに告白されました。

밸런타인데이에 고백받았습니다.

Key point

私は先生にほめられました。	나는 선생님에게 칭찬받았습니다.
テストは来週の月曜日に行われます。	테스트는 다음 주 월요일에 진행됩니다.
夕べ子どもに泣かれて、眠れませんでした。	어젯밤 아이가 울어서 잠을 못 잤습니다.

ミジン	何か悪いことでもありましたか。
ケン	実は、バレンタインデーに告白されました。
ミジン	へえ、本当ですか。おめでとうございます。
ケン	子どもの時から仲良しだった友達に告白されて、びっくりしましたよ。
ミジン	もしかして、いつも一緒にいるサエさんですか。
ケン	ええ。そうなんです。時々、恋人と誤解されることもありましたけど。
ミジン	そうだったんですね。
ケン	もう少し真剣に考えてから、返事しようかと思います。

Word

- 告白 고백
- 仲良し 단짝 친구, 사이가 좋음
- 時々 때때로
- 誤解 오해
- 真剣(だ) 진지함
- 考える 생각하다
- 返事 답변

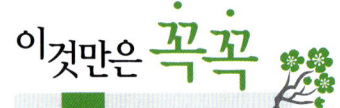

01 동사의 수동형 ~함을 받다, ~해지다(당하다)

그룹	규칙	예		
1그룹	• う단(모음) → あ단(모음) + れる	使う ★주의	→	使われる
		行く	→	行かれる
		脱ぐ	→	脱がれる
		話す	→	話される
		待つ	→	待たれる
		死ぬ	→	死なれる
		呼ぶ	→	呼ばれる
		飲む	→	飲まれる
		乗る	→	乗られる
		帰る ★1	→	帰られる
2그룹	① ~る + ② い, え단 • ~る → られる	みる	→	見られる
		たべる	→	食べられる
		おきる	→	起きられる
3그룹	• する → される • くる → こられる	運転する	→	運転される
		来る	→	来られる

[~함을 받다]

私は先生にほめられました。 　　　　나는 선생님에게 칭찬받았습니다.

私は野田さんに招待されました。 　　나는 노다 씨에게 초대받았습니다.

私は部長に仕事を頼まれました。 　　나는 부장님에게 일을 부탁받았습니다.

文法 ポイント

[〜해지다, 〜되다]

このビルは50年前に建て<u>られました</u>。　　　이 건물은 50년 전에 지어졌습니다.

東京オリンピックは1964年と2020年、2回開か<u>れました</u>。

도쿄 올림픽은 1964년과 2020년 2회 열렸습니다.

02 피해의 수동

雨<u>に</u>降<u>られて</u>、コートが全部濡れてしまいました。

비를 맞아서 코트가 전부 젖어버렸습니다.
→ 비가 옴을 당해서

赤ちゃん<u>に</u>泣<u>かれて</u>、1時間も眠れませんでした。

아기가 울어서 1시간도 잘 수 없었습니다.
→ 아기에게 울음을 당해서

友だち<u>に</u>来<u>られて</u>、宿題ができませんでした。

친구가 와서 숙제를 할 수 없었습니다.
→ 친구에게 옴을 당해서

母<u>に</u>死な<u>れて</u>、一人ぼっちになりました。

엄마가 돌아가셔서 외톨이가 되었습니다.
→ 엄마가 돌아가심을 당해서

💡 어색한 한국어 직역이나 일본어스러운 수동 표현 감각 익히기!

나에게(〜に) 해당 상황이 피해가 되는 경우(降る, 泣く, 来る, 死ぬ)에 주로 사용되며,
수동형으로 바꾼 동작의 주체는 내가 아닌 것에 주의!

🎧 MP3 32

1 다음 〈보기〉와 같이 말해 보세요.

> ・보기・
> (母 / 叱る)
> A : どうしたんですか。
> B : 母に叱られました。

(1) 恋人 / 振る

(2) 誰か / 足を踏む

(3) 先輩 / 注意する

(4) 泥棒 / 財布を取る

(5) 母 / 大事な書類を捨てる

2 다음 〈보기〉와 같이 괄호 안의 단어를 적절히 바꾸어 말해보세요.

보기
1階の宴会場でセミナーが行われます。　（行う）

(1) 世界一＿＿＿＿＿航空会社を目指しています。　（愛する）

(2) <Boys, be ambitious>は日本で「少年よ大志を抱け」と＿＿＿＿＿。　（訳す）

(3) 新製品の発表イベントはオンラインで＿＿＿＿＿。　（開催する）

(4) ハリーポッターは1995年にはじめて＿＿＿＿＿。　（書く）

(5) この歌はカラオケでよく＿＿＿＿＿。　（歌う）

Word ・叱る 꾸짖다 ・振る 차다 (거절하다) ・踏む 밟다 ・注意 주의 ・泥棒 도둑 ・財布 지갑 ・書類 서류 ・捨てる 버리다 ・宴会場 연회장 ・世界一 세계 제일 ・航空 항공 ・目指す 목표로 하다 ・少年よ大志を抱け 소년이여 야망을 가져라 ・訳す 번역하다 ・新製品 신제품 ・発表 발표 ・開催 개최

聞き取り

🎧 MP3 33

1 녹음을 듣고 문장을 완성해 보세요.

(1) 弟に_____。

(2) 地下鉄で財布を_____。

(3) テストは来週の水曜日に_____。

2 녹음을 듣고 그림과 내용이 맞으면 O, 다르면 X를 표시하세요.

(1) (O / X)

(2) (O / X)

(3) (O / X)

(4) (O / X)

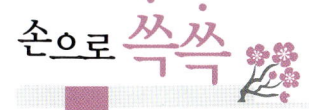

ライティング

다음 문장을 일본어로 적어 보세요.

(1) 친구가 놀러 와서 공부를 못했습니다.

(2) 선생님에게 주의를 받았습니다.

(3) 이 인형은 종이로 만들어졌습니다.

読み取り

다음을 읽고 내용과 맞으면 O, 다르면 X를 표시하세요.

工藤（くどう）　私は昨日泥棒にお金を盗られてしまいました。
高橋さんに警察に連絡した方がいいと言われました。
私は今から連絡しようと思っています。

ケリー　私は先週いとこに大事なカメラを壊されてしまいました。
ジョンさんに早く修理に出した方がいいと言われました。
今日授業が終わったら、修理センターに行こうと思っています。

· Quiz ·

(1) 工藤さんは盗まれたお金を見つかりました。　　（ O / X ）

(2) ケリーさんはジョンさんと修理センターに行きます。　（ O / X ）

· Word · いとこ 사촌 · 壊す 망가뜨리다 · 見つかる 찾게 되다

一休み

다양한 수동 표현

기본 동사	수동 표현	
誤解する	誤解（ごかい）される	오해받다
注意する	注意（ちゅうい）される	주의 받다
開始する	開始（かいし）される	개시되다
開く	開（ひら）かれる	열리다, 개최되다
行う	行（おこな）われる	실시되다, 행해지다
呼ぶ	呼（よ）ばれる	불리다
選ぶ	選（えら）ばれる	선택받다, 선출되다
使う	使（つか）われる	사용되다
打つ	打（う）たれる	맞다
建てる	建（た）てられる	세워지다
送る	送（おく）られる	보내지다
知る	知（し）られる	알려지다
踏む	踏（ふ）まれる	밟히다
振る	振（ふ）られる	차이다
取る	取（と）られる	뺏기다

Q. 수동 표현을 활용한 다양한 문장을 만들어 보세요.

一休み 문화 톡톡

• 일본의 세계유산 (문화유산과 자연유산) •

1993년, 일본의 최초 세계문화유산으로 현존하는 목조건축물 중 가장 오래된 나라현(奈良県(なら けん))의 호류지(法隆寺(ほう りゅう じ))의 건축물

400여 년의 역사를 자랑하고 방어용으로 매우 복잡하게 지어져 일본의 성 가운데 유일하게 세계문화유산으로 지정된 효고현(兵庫県(ひょう ご けん))의 히메지 성(姫路城(ひめ じ じょう))

1993년에 유네스코 세계자연유산으로 지정된 아오모리현과 아키타현의 접경지대에 있는 시라카미산지(白神(しら かみ)山地(さん ち))

유명한 일본 애니메이션 원령공주의 모티브가 된 신비의 섬으로 알려진 시라타니 운수 계곡(白谷雲水峡(しら たに うん すい きょう))이 있는 규슈 가고시마 현(鹿児島県(か ご しま けん))의 야쿠시마(屋久島(や く しま))

第 12 課

何を習わせたいですか。

무엇을 배우게 하고 싶습니까?

Key point

英語を習わせたいです。	영어를 배우게 하고 싶습니다.
先輩に無理やりお酒を飲まセられました。	선배 때문에 억지로 술을 마시게 되었습니다.
もう少し考えさせてください。	조금 더 생각하게 해 주세요.

MP3 34

迫田　韓国の子どもたちはすごいですね。

夜遅くまで英語や数学だけではなく、

スポーツの塾などまで通っているみたいですね。

ジャン　私も子どもの時、三つぐらいは通わせられた覚えがあります。

迫田　そうでしたか。ジャンさんは親になったら、

何を習わせたいと思っていますか。

ジャン　そうですね。少し考えさせてください。

……………(考える時間)……………

やっぱりまずは英語は習わせたいですね。

一人で海外旅行も行かせたいと思っているので、

そのために英語は基本じゃないかと。

迫田　さすが、ジャンさんらしいですね。

Word

- 数学 수학
- 通う 다니다
- 覚え 기억
- 親 부모
- 習う 배우다
- 考える 생각하다
- 基本 기본

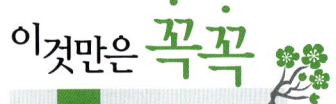

01 동사의 사역형 ~하게 하다, 시키다 [강제, 허락]

그룹	규칙	예시
1그룹	• う단(모음) → あ단(모음) + せる	使う ★주의 → 使わせる 行く → 行かせる 脱ぐ → 脱がせる 話す → 話させる 待つ → 待たせる 死ぬ → 死なせる 呼ぶ → 呼ばせる 飲む → 飲ませる 乗る → 乗らせる 帰る ★1 → 帰らせる
2그룹	① ~る + ② い, え단 • ~る → させる	みる → 見させる たべる → 食べさせる おきる → 起きさせる
3그룹	• する → させる • くる → こさせる	運転する → 運転させる 来る → 来させる

課長は私を出張に行かせました。
과장님은 나를 출장에 가게 했습니다.

母は私を塾に通わせました。
엄마는 나를 학원에 다니게 했습니다.

あやさんはキムさんに荷物を持たせました。
아야 씨는 김 씨에게 짐을 들게 했습니다.

先生は学生たちに毎日漢字を覚えさせました。
선생님은 학생들에게 매일 한자를 외우게 했습니다.

文法 ポイント

02　동사의 사역수동형 (어쩔 수 없이, 억지로) ~하게 되다

		사역형	(수동형으로)	사역수동형
1그룹	行く	行かせ~~る~~	+られる	行かせられる
2그룹	食べる	食べさせ~~る~~		食べさせられる
3그룹	する	勉強させ~~る~~		勉強させられる
	来る	来させ~~る~~		来させられる

社長に夜遅くまで働かせられました。
사장님 때문에 밤늦게까지 억지로 일을 하게 되었습니다.

無理やりコスプレの衣装（いしょう）を着させられました。
억지로 코스프레 의상을 입게 되었습니다.

先輩に強いお酒を飲ませられました。
선배 때문에 마지못해 센 술을 마시게 되었습니다.

03　~させてください　~하게 해 주세요

もう少し考えさせてください。　　　　　조금 더 생각하게 해 주세요.

この仕事、私にやらせてください。　　　이 일, 제가 하게 해 주세요.

今日はもう帰らせてください。　　　　　오늘은 이제 돌아가게 해 주세요.

1 다음 〈보기〉와 같이 말해 보세요.

> ・보기・
> (英語を習う)
> A: 親として何をさせたいですか。
> B: 英語を習わせたいです。

(1) 本をたくさん読む

(2) 一人で旅行する

(3) 体にいい物を食べる

(4) ウォータースポーツをする

(5) 通信教育をする

2 다음 〈보기〉와 같이 말해 보세요.

> **보기**
> (もうすぐ転勤<ruby>する</ruby>)
> ➡ もうすぐ転勤させられるかもしれません。

(1) 海外出張に一人で行く

(2) 社員旅行に行って、みんなの前で歌う

(3) 二次会でお酒を飲む

(4) 今月中に会社を辞める

(5) 保険に加入する

Word 親 부모・ウォータースポーツ 워터 스포츠・通信 통신・転勤 전근・保険 보험・加入 가입

聞き 取り

🎧 MP3 36

1 녹음을 듣고 문장을 완성해 보세요.

(1) 明日は_____。

(2) 母は私に毎日_____。

(3) 先輩に_____。

2 녹음을 듣고 그림과 내용이 맞으면 O, 다르면 X를 표시하세요.

(1) 後輩　先輩

(O / X)

(2)

(O / X)

(3)

(O / X)

(4)

(O / X)

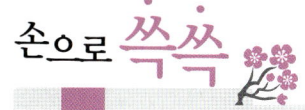

ライティング

다음 문장을 일본어로 적어 보세요.

(1) 무엇을 배우게 하고 싶습니까?

(2) 조금 더 생각하게 해 주세요.

(3) 어쩔 수 없이 회사를 그만두게 될지도 모르겠습니다.

読み取り

다음을 읽고 내용과 맞으면 O, 다르면 X를 표시하세요.

私は幼い頃からピアノを習わせられました。
最初は毎日行きたくなるほど面白かったです。
高校生になるまで週2回ずつ、ピアノ教室に通わせられました。
だんだん難しくなったし、友だちとも遊べなくて飽きてしまいました。
でも、音楽のテストでいい点数を取ることができて役に立ったことがありました。
それで、私も親になったら、子供にピアノじゃなくても楽器一つくらいは習わせたいです。

Quiz

(1) ピアノを習わせられたので、自分の子供には習わせたくない。　（ O / X ）

(2) 週2回、ピアノ塾に通わせられたことがある。　　　　　　　　（ O / X ）

Word 幼い頃 어렸을 적・飽きる 질리다・点数 점수・役に立つ 도움이 되다・楽器 악기

一休み

역할 정하기

〈보기〉와 같이 다양한 역할을 대입해서 표현해 보세요.

キムさんに写真を撮らせたらいいと思います。

김 씨에게 사진을 찍게 하면 좋을 것 같습니다.

역할	의미
荷物を運ぶ	짐을 옮기다
運転する	운전하다
迎えに行く	데리러 가다
食べ物を買う	음식을 사다
お弁当を用意する	도시락을 준비하다
ギターを弾く	기타를 치다
会費を集める	회비를 모으다
予約する	예약하다

올해의 한자

일본 한 해 동안의 세태를 반영한 '올해의 한자(今年の漢字)'를 매해 12월 12일경 일본 한자 능력검정협회에서 공표한다. 1995년 처음 시작된 해에는 震이 今年の漢字로 발표되었는데, 고베 대지진으로 알려진 '한신·아와지 대지진(阪神・淡路大震災)'이 발생한 해였다.

2011년 일본 내 가장 규모가 커서 피해가 막대했던 동일본 대지진이 발생한 해에는 소중한 인연과 유대 등을 뜻하는 絆가 今年の漢字로, 일본의 새로운 연호인 令和가 사용된 2019년에는 令가 今年の漢字로 발표되었다.

令和는 '평화, 조화, 질서'를 뜻하는데, 이때 令에는 '근사하고 훌륭함(素晴らしい・立派), 좋음(良い), 공경(敬う)' 등의 심오한 의미가 포함되어 있다는 것을 다시금 사람들이 알게 되기도 했다.

第 13 課

少々お待ちください。

잠시만 기다려주십시오.

Key point

社長はいつ**いらっしゃい**ましたか。	사장님은 언제 오셨습니까?
少々**お**待ち**ください**。	잠시만 기다려 주십시오.
ご案内**いたします**。	안내해 드리겠습니다.

🎧 MP3 37

神田	はい、ABC商事でございます。
パク	私、韓国物産のパクと申します。
神田	いつもお世話になっております。
パク	こちらこそお世話になっております。 山田部長、お願いできますか。
神田	はい。少々お待ちください。 お待たせいたしました。申し訳ございませんが、 山田はただいま席を外しておりまして。
パク	では、後でお電話いただけますか。
神田	かしこまりました。
パク	よろしくお願いいたします。 では、失礼します。

Word

- 世話になる 신세 지다
- お待たせする(いたす) 오래 기다리게 하다 (↓)
- 申し訳ありません 죄송합니다 (면목없습니다)
- かしこまりました 알겠습니다 (↓)

이것만은 꼭꼭

01 경어(敬語)의 종류와 형태

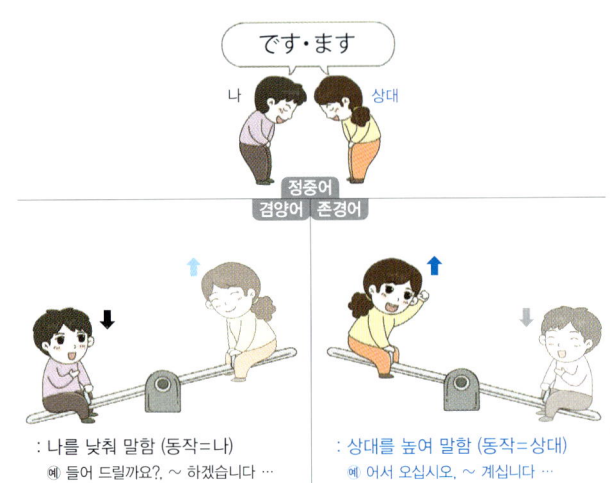

02 존경어 : お/ご + ます형 (한자어) + ~になる ~하시다

社長はいつお帰りになりますか。	사장님은 언제 돌아가십니까?
今朝(けさ)の新聞はお読みになりましたか。	오늘 아침 신문은 읽으셨습니까?

03 존경어 : お/ご + ます형 (한자어) + ~ください ~해 주십시오

少々(しょうしょう)お待ちください。	잠시만 기다려 주십시오.
お気軽(きがる)にご連絡(れんらく)ください。	편하게 연락 주십시오.

04 겸양어 : お/ご + ます형 (한자어) + ~する(いたす) ~하다

すぐお持ちします。	바로 가져오겠습니다.
こちらからお電話いたします。	저희가 전화하겠습니다.

文法 ポイント

05 특별한 존경어와 겸양어

		존경어 (↑)	겸양어 (↓)
行く	가다	いらっしゃる (いらっしゃいます)	まいる ★1
来る	오다		
いる	있다		おる
食べる 飲む	먹다 마시다	召し上がる	いただく
見る	보다	ご覧になる	拝見する
言う	말하다	おっしゃる (おっしゃいます)	申す・申し上げる
する	하다	なさる (なさいます)	いたす
知っている 知らない	알고 있다 모르다	ご存じだ ご存じじゃない	存じておる 存じない
会う	만나다		お目にかかる
ある	있다		ござる (ございます)
訪ねる 聞く	방문하다 듣다		伺う
あげる	주다		差し上げる
くれる	주다	くださる (くださいます)	
もらう	받다		いただく

💡 「〜ます」: ます형 활용할 때 주의가 필요한 표현 5가지

MP3 38

1 밑줄 친 문장을 특별한 존경 표현으로 바꿔 보세요.

(1) いつ韓国へ<u>来ました</u>か。　➡ ＿＿＿＿＿＿＿＿＿＿＿＿＿＿

(2) 先生はどんな料理を<u>食べました</u>か。　➡ ＿＿＿＿＿＿＿＿＿＿＿＿＿＿

(3) 社長はこの映画を<u>見ました</u>か。　➡ ＿＿＿＿＿＿＿＿＿＿＿＿＿＿

(4) 部長はこの作品を<u>知っています</u>か。　➡ ＿＿＿＿＿＿＿＿＿＿＿＿＿＿

(5) 先輩、先生がさっき何と<u>言いました</u>か。　➡ ＿＿＿＿＿＿＿＿＿＿＿＿＿＿

2 밑줄 친 문장을 특별한 겸양 표현으로 바꿔 보세요.

(1) 私は日本語を<u>勉強しています</u>。　➡ ＿＿＿＿＿＿＿＿＿＿＿＿＿＿

(2) 先生の作品はもう<u>見ました</u>。　➡ ＿＿＿＿＿＿＿＿＿＿＿＿＿＿

(3) 一度<u>会いたい</u>ですが。　➡ ＿＿＿＿＿＿＿＿＿＿＿＿＿＿

(4) 私ももちろん<u>知っています</u>。　➡ ＿＿＿＿＿＿＿＿＿＿＿＿＿＿

(5) 失礼<u>します</u>。　➡ ＿＿＿＿＿＿＿＿＿＿＿＿＿＿

3 다음 〈보기〉와 같이 주어진 경어 표현 중 적절한 표현을 골라 밑줄을 채워 보세요.

보기
　　すぐお持ちします。（持つ）

ⓐ お使い　　　ⓑ でございます　　　ⓒ ご案内します
ⓓ いらっしゃる　　ⓔ 申します　　　ⓕ お借りしたい

(1) 社長は＿＿＿＿＿＿。　　　　　　　　　　　　（いる）

(2) お待たせいたしました。すぐ＿＿＿＿＿＿。　　（案内する）

(3) すみません。ちょっとペンを＿＿＿＿＿＿んですが。（借りる）

(4) お電話かわりました。店長の野村＿＿＿＿＿＿。（です）

(5) お客様、こちらを＿＿＿＿＿＿ください。　　　（使う）

(6) はじめまして。田中と＿＿＿＿＿＿。　　　　　（言う）

聞き取り

🎧 MP3 39

1 녹음을 듣고 문장을 완성해 보세요.

(1) この番組はご覧のスポンサーの提供で_____。

(2) 一緒に_____。

(3) また_____。

2 녹음을 듣고 상황에 맞는 그림을 선택하세요.

(1) _____ (2) _____ (3) _____ (4) _____

ⓐ

ⓑ

ⓒ

ⓓ

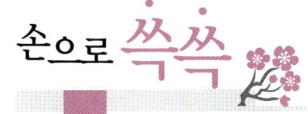

ライティング

다음 문장을 일본어로 적어 보세요.

(1) 잠시만 기다려주십시오. _____

(2) 바로 안내해 드리겠습니다. _____

(3) 언제 한국에 오셨습니까? _____

読み取り

다음을 읽고 내용과 맞으면 O, 다르면 X를 표시하세요.

(株式会社) ABC商事 ご担当者様
はじめてご連絡いたします。イチニサン物産 のイ・ヨンスと申します。
今回、4月29日に御社の説明会があることを知りました。ぜひ参加したいのですが、今からでも申し込みは間に合うでしょうか。お返事をいただけましたら、幸いです。
お手数おかけしますが、どうぞよろしくお願いいたします。

イチニサン物産　イ・ヨンス

• Quiz •

(1) ABC商事の人がイチニサン物産の人に送ったメールです。　(O / X)

(2) 申し込みは4月29日までです。　　　　　　　　　　　　(O / X)

• Word •　ぜひ 꼭・御社 귀사・申し込み 신청・間に合う 시간에 맞다・返事 답장, 회신・幸いだ 행복하다
　　　　　手数をかける 번거롭게 하다

一休み

업무 메일의 다양한 인사 표현

인사 표현	뜻
お世話（せわ）になっております。	신세 지고 있습니다.
初（はじ）めてメールを差（さ）し上（あ）げます。	처음으로 메일 드립니다.
大変失礼（たいへんしつれい）ながら、メールでご挨拶（あいさつ）申（もう）し上（あ）げます。	대단히 실례합니다만, 메일로 인사 올립니다.
ご無沙汰（ぶさた）しております。	오랫동안 연락을 못 드렸습니다.
念（ねん）のため、添付（てんぷ）いたしますので、ご確認（かくにん）ください。	만일을 위해 첨부 드리오니, 확인 부탁드립니다.
お忙（いそが）しいところ申（もう）し訳（わけ）ありませんが、	바쁘신 와중에 죄송합니다만,
ご不明（ふめい）な点（てん）がありましたら、いつでもお問（と）い合（あ）わせください。	불명확한 점이 있으면, 언제든지 문의주십시오.

문화 톡톡

• 비지니스 매너 •

일본의 비즈니스 문화에는 중요한 '호렌소(ほう・れん・そう)'가 있다. '보고(報告), 연락(連絡), 상담(相談)'의 앞 글자를 딴 약어로 시금치와 발음이 똑같지만, 직장에서는 소통이 중요하다는 것을 의미한다.

● 報告(ほうこく)

진행하는 업무의 진척 상황이나 결과 등을 업무를 지시한 조직 내의 사람에게 알리는 것을 말한다. 업무상 발생하는 클레임이나 문제가 발생한 경우에도 즉시 보고하는 것이 좋다.

● 連絡(れんらく)

상사나 부하 등 업무와 관련된 사람에게 연락하여 전달하는 것을 말한다. 업무와 관련된 사항에 대한 연락 범위는 사회 초년생의 경우, 선배에게 확인하는 것이 좋다.

● 相談(そうだん)

모르는 것이나 판단하기 어려운 것이 생긴 경우에는 상사 또는 선배, 동료에게 의견을 묻고 조언 받는 것을 말한다. 혼자 고민하거나 판단하여 처리하지 말고 함께 의논하는 것이 좋다.

부록

- 회화 해석
- 정답 및 스크립트

회화 해석

01課 いい人だったけど、私のタイプじゃなかった。
좋은 사람이었지만, 내 스타일은 아니었어.

노야마	어제 미팅, 어땠어?
리카	처음 하는 미팅이었기 때문에, 재미있었어.
노야마	그래. 다행이네.
리카	응. 다 같이 라인(메신저)도 교환했어. 좋은 추억이 된 것 같아.
노야마	또 만나고 싶은 사람은 없었어?
리카	한 명 있었어. 근데, 좋은 사람이었지만, 내 스타일이 아니었어.

02課 漢字が読めるようになりました。
한자를 읽을 수 있게 되었습니다.

야마시타	안녕, 박 씨. 뭐 하고 있어?
박	안녕하세요. 이제 곧 카오루 씨의 생일이라서, 선물이랑 생일 카드를 보내려고 하는데요.
야마시타	아, 일본어로 쓴 거야?
박	네. 예전보다 한자를 읽을 수 있게 되었지만, 쓰는 것은 역시 아직 어렵네요.
야마시타	그래도, 굉장하다. 편의점에서도 보낼 수 있으니까 천천히 해.
박	네. 감사합니다.

03課 週末はゆっくり休もうと思います。
주말에는 푹 쉬려고 합니다.

다나카	고생 많습니다. 내일부터 3일 연속 연휴네요.
최	그렇네요. 다나카 씨는 무엇을 할 예정입니까?
다나카	다음 주부터 출장이나 회의 준비로 바빠질 테니, 푹 쉬려고 하고 있습니다. 최 씨는 무엇을 할 겁니까?
최	저는 친구와 호캉스를 하려고 생각하고 있습니다.
다나카	호캉스가 무엇입니까?
최	한국에서 유행하고 있는 것인데, '호텔'에서 묵으면서 '바캉스' 기분을 맛보는 것입니다.
다나카	그거 좋네요. 저도 다음에 도전해 보겠습니다.

04課 デザインもいいし、値段も安いですね。
디자인도 좋고, 가격도 싸네요.

키노시타	양 씨, 오랜만이군요. 휴가에는 무엇을 했습니까?
양	친구와 근처 바다에 가서, 맛있는 것을 먹고 왔습니다. 돌아오는 길에 새로 생긴 쇼핑센터도 들렀습니다.
키노시타	그랬습니까? 어땠습니까?
양	유명한 가게도 많이 있었고, 전시회도 즐거웠고 최고였습니다.
키노시타	저는 아직 한 번도 간 적이 없어요. 돌아오는 주말에 갔다 올까나?
양	네. 꼭 가 보세요. 이 옷도 할인권 써서 싸게 산 거예요.
키노시타	디자인도 좋고, 가격도 싸네요.

05課 誕生日に何をもらいましたか。
생일에 무엇을 받았습니까?

이	우에노 씨, 생일 축하합니다. 늦었습니다만, 이거 받으세요.
우에노	와, 감사합니다. 이 뮤지컬 정말로 가고 싶었어요. 티켓 예약은 힘들지 않았습니까?
이	네. 최근 제일 인기 있고, 예약은 좀처럼 잘 안됐습니다. 그래서 이벤트 회사에 근무하고 있는 지인에게 부탁했습니다.
우에노	와, 정말이에요? 생일날 받은 선물 중 가장 기뻐요.
이	감사합니다. 올해 생일에 무엇을 받았습니까?

| 우에노 | 제가 자주 스타벅스에 가는 것을 모두 알고 있어서, 올해는 스타벅스 기프티콘만 잔뜩 받았습니다. |

06課 友だちがてるてる坊主を作ってくれました。
친구가 '테루테루보즈'를 만들어 주었습니다.

마츠다	윤 씨, 테루테루보즈를 만들었습니까?
윤	테루테루…? 친구에게 받았습니다만, 인형일까요?
마츠다	아, 친구가 테루테루보즈를 만들어 주었습니까? 이것은 비나 흐린 날에 창문 옆에 두는 것이에요.
윤	비 오는 날 같은 때요?
마츠다	네. 외출하기 전날에 '내일, 날씨가 좋게 해 주세요'라고 테루테루보즈에게 부탁을 합니다.
윤	엇, 정말 다음날 날이 갭니까?
마츠다	하하하, 저도 초등학교(시절) 이후 만든 적 없어요.

07課 天気が良ければ、ドライブに行きたいです。
날씨가 좋으면, 드라이브하러 가고 싶어요.

한	노조미 씨, 중간 테스트는 끝났습니까?
노조미	네, 끝났습니다. 그렇지만, 내일까지 제출해야만 하는 리포트가 하나 있습니다.
한	그렇습니까? 그럼, 이번 주말에 같이 기분전환이라도 하지 않겠습니까?
노조미	좋네요. 날씨가 좋으면, 드라이브하러 가고 싶습니다.
한	그럼, 제가 카 셰어링을 예약하겠습니다. 예약은 빠르면 빠를수록 좋죠?
노조미	전에도 사용한 적 있고, 앱으로 바로 할 수 있으니까 예약은 제가 하겠습니다.
한	그럼, 잘 부탁하겠습니다. 기대되네요.

08課 ユキさんは最近恋愛しているそうです。
유키 씨는 요즘 연애하고 있다고 합니다.

리에	오랜만입니다. 잘 지냈습니까?
히토미	리에 씨, 오랜만. 유키 씨는 같이 아니야?
리에	이따가 올 것 같아요.
히토미	미츠루한테 들었는데, 좋은 일 있죠. 유키한테.
리에	하하하. 요즘 연애하고 있대요.
히토미	그런 줄 알았어. 예뻐졌고 해서.
리에	유키 씨(말)에 의하면, 남자친구는 되게 남자다운 사람이래요.
히토미	그래? 이따가 2차 모임에서 천천히 이야기 들어 보자.

09課 暖かそうですね。
따뜻할 것 같아요. (따뜻해 보여요.)

와타나베	그 스웨터 따뜻해 보이네요. 소재도 좋아 보이고.
혜진	이건, 크리스마스에 산 캐시미어 스웨터입니다.
와타나베	비싸 보였어요. 그러고 보니, 야마다 씨 송별회 선물로 캐시미어 머플러는 어떨까요?
혜진	좋네요. 야마다 씨가 좋아할 것 같은 색은….
와타나베	야마다 씨는 옷맵시가 좋기 때문에 베이지색은 어때요?
혜진	그렇게 할까요? 아까 마침 지나갔던 곳에 맛있어 보이는 바움쿠헨이 있었습니다만, 먹으러 가지 않을래요?
와타나베	네. 그럽시다.

10課 道が混んでいるみたいです。
길이 막히는 것 같습니다.

마츠시타	죄송합니다. 지금, 홍대역으로 가는 길입니다만, 왜인지 길이 너무 막혀서, 뭔가 사고가 난 것 같아요.
강	그렇습니까? 금요일이기도 하고, 내일부터 연휴니까요.
마츠시타	구급차 소리도 들렸습니다.

	정체시간도 생각해서 출발했는데, 정말 죄송합니다. 먼저 뭐라도 시켜서 먹고 있으세요.

(전화를 끊고 지현 씨와 이야기한다.)

강	마츠시타 씨한테 온 전화였는데요. 길이 너무 막히는 것 같아요.
지현	그렇습니까? 어떻게 할까요?
강	먼저 먹고 있으라고 했는데, 조금 더 기다릴까요?

11課 バレンタインデーに告白されました。
밸런타인데이에 고백받았습니다.

미진	뭐 안 좋은 일이라도 있습니까?
켄	사실은, 밸런타인데이에 고백받았습니다.
미진	와, 정말입니까? 축하해요.
켄	어렸을 때부터 친한 사이였던 친구에게 고백받아서 깜짝 놀랐어요.
미진	혹시 늘 같이 있는 사에 씨인가요?
켄	네, 맞아요. 가끔 연인(사이)이라고 오해받은 적도 있는데요.
미진	그랬군요.
켄	조금 더 신중히 생각하고 나서 답할까 합니다.

12課 何を習わせたいですか。
무엇을 배우게 하고 싶습니까?

사코다	한국 아이들은 굉장하네요. 밤늦게까지 영어나 수학뿐만 아니라, 스포츠 학원 등까지 다니고 있는 것 같아요.
장	저도 어렸을 때, 3개 정도는 (부모님이 시켜서) 다녔던 기억이 납니다.
사코다	그랬어요? 장 씨는 부모가 되면, 무엇을 배우게 하고 싶다고 생각하고 있어요?
장	글쎄요. 생각 좀 해 볼게요.

(생각하는 시간)

	역시 우선은 영어는 배우게 하고 싶어요. 혼자서 해외여행도 가게 하고 싶다고 생각해서, 그걸 위해서 영어는 기본이지 않을까 하고요.
사코다	역시, 장 씨답네요.

13課 少々お待ちください。
잠시만 기다려주십시오.

칸다	네, ABC 상사입니다.
박	저, 한국물산의 박이라고 합니다.
칸다	늘 신세 많이 지고 있습니다.
박	저희야말로 신세 많이 지고 있습니다. 야마다 부장님 좀 연결 가능할까요?
칸다	네. 잠시만 기다려주십시오. 오래 기다리셨습니다. 죄송합니다만, 야마다(부장님)는 지금 자리에 안 계셔서요.
박	그럼, 나중에 전화해 주시겠습니까?
칸다	알겠습니다.
박	잘 부탁드리겠습니다. 그럼, 먼저 끊겠습니다.

정답 및 스크립트

1

いい人だったけど、私のタイプじゃなかった。

좋은 사람이었지만, 내 스타일은 아니었어.

입에 착착

1 🎧 02

(1) A : 旅行はどうだった。
　　B : ホテルはよかったけど、天気はよくなかった。

(2) A : 面接はどうだった。
　　B : 質問は難しかったけど、雰囲気はよかった。

(3) A : 映画はどうだった。
　　B : ストーリーはよかったけど俳優の演技はよくなかった。

(4) A : コンサートはどうだった。
　　B : 人は多かったけど、楽しくなかった。

2

(1) A : あのレストランはどうだった。
　　B : 店員は親切だったけど、味は好きじゃなかった。

(2) A : 出張はどうだった。
　　B : 大変だったけど、やりがいがあってよかった。

(3) A : 日本語のテストはどうだった。
　　B : 簡単だったけど、100点じゃなかった。

귀에 쏙쏙

1 🎧 03

(1) 毎日忙しかったです。

(2) 中国語は簡単じゃなかった。

(3) いい人だったけど、タイプじゃなかった。

2

(1) ○　(2) ✕　(3) ✕　(4) ○

(1) 富士山はきれいだった。

(2) ホテルまでの交通は便利だった。

(3) 食べ物はおいしかったけど、サービスはよくなかった。

(4) 店の雰囲気はよかった。

손으로 쓱쓱

(1) 日本は寒かった。

(2) 映画はおもしろくなかった。

(3) いい人だったけど、私のタイプじゃなかった。

눈으로 척척

레이와 XX년 12월 27일　눈
며칠 전 처음으로 미팅에 참가하고 왔다. 친구랑 같이였고, 좋아하는 오코노미야키도 많이 먹을 수 있었다. 가게는 분위기 좋고, 가성비도 좋았지만 점원이 별로 친절하지 않았다. 미팅에 참가한 사람들은 모두 좋은 사람이었지만 내 스타일인 사람은 없었다. 오랜만에 여러 사람들과 말할 수 있었으니까 그걸로 만족한다.

(1) ×
며칠 전 처음 혼자서 미팅에 다녀왔다.

(2) ○
좋아하는 오코노미야키를 많이 먹었다.

2

漢字が読めるようになりました。
한자를 읽을 수 있게 되었습니다.

입에 착착

1 🎧05

(1) A : 一人で自転車に乗れますか。
　　B1 : はい、乗れます。
　　B2 : いいえ、乗れません。

(2) A : 来週のワークショップに来られますか。
　　B1 : はい、来られます。
　　B2 : いいえ、来られません。

(3) A : 日本語でメールを送れますか。
　　B1 : はい、送れます。
　　B2 : いいえ、送れません。

(4) A : 一人で寮まで帰れますか。
　　B1 : はい、帰れます。
　　B2 : いいえ、帰れません。

2 〈모범답변〉

A : 羽田空港で何ができますか。
B : 食事ができます。

A : 羽田空港で何ができますか。
B : 飛行機が見られます。

A : 羽田空港で何ができますか。
B : 富士山が見られます。

A : 羽田空港で何ができますか。
B : 写真が撮れます。

A : 羽田空港で何ができますか。
B : 両替ができます。

A : 羽田空港で何ができますか。
B : 携帯電話の充電ができます。

A : 羽田空港で何ができますか。
B : 自動チェックインができます。

A : 羽田空港で何ができますか。
B : おもちゃが買えます。

A : 羽田空港で何ができますか。
B : スタイリストのサービスが受けられます。

귀에 쏙쏙

1 🎧 06

(1) 漢字が書けるようになりました。
(2) 焼酎は飲めませんが、ビールなら少し飲めます。
(3) 明日卒業式に来られますか。

2

(1) ③　(2) ①　(3) ④　(4) ②

(1) A : あの、すみません。両替ができますか。
　　B : はい、できます。
(2) A : 自転車に乗れますか。
　　B : いいえ、まだ乗れません。
(3) A : 日本語で話せますか。
　　B : はい。前より少し話せるようになりました。
(4) A : ピアノが弾けますか。
　　B : いいえ、でもギターなら少し弾けます。

손으로 쓱쓱

(1) 納豆が食べられますか。
　　(＝納豆を食べることができますか。)
(2) 1時間は待てません。
　　(＝1時間は待つことができません。)
(3) 私は牛乳が飲めません。
　　(＝私は牛乳を飲むことができません。)

눈으로 척척

> 저는 요즘 일본어를 배우기 시작했습니다. 간단한 일본어는 알아들을 수 있지만, 아직 자막이 달린 영화를 봅니다. 한자는 어려워서 전혀 쓰지 못하지만, 자동 변환이 되는 라인(메신저)을 사용해서 일본인 친구와 메시지를 주고받고 있습니다. 이게 꽤 재미있습니다. 회화에 자신이 없기 때문에 한국어와 섞어서 말하지만, 유창하게 말할 수 있게 되고 싶습니다.

(1) ×
　　나는 일본어 한자를 쓸 수 있다.
(2) ○
　　일본인 친구와 말할 수 있게 되고 싶다.

3

週末はゆっくり休もうと思います。
주말에는 푹 쉬려고 합니다.

입에 착착

1 🎧 08

(1) 日本で就職しようと思っています。
(2) 久しぶりに大掃除しようと思っています。
(3) ケータイを替えようと思っています。
(4) 新しい車を買おうと思っています。

2

(1) 渡辺さんは来週の月曜日に会議をする予定です。
　　(渡辺さんは来週の月曜日に会議があるので、週末会議の準備をする予定です。)

(2) 渡辺さんは来週の土曜日に木村さんの結婚式に行く予定です。
　　（渡辺さんは来週の土曜日に木村さんの結婚式があるので、お祝いに行く予定です。）
(3) 渡辺さんは今月末、旅行をする予定です。
　　（渡辺さんは今月末、旅行をするので休暇届を提出する予定です。）
(4) 会議は11日午前9時30分からする予定です。
　　（会議は11日午前9時30分からなので、朝早く来て会議の準備をする予定です。）

귀에 쏙쏙

1 🎧 **09**

(1) 今年こそ日本語のテストを受けるつもりです。
(2) 週末はゆっくり休もうと思います。
(3) 試合は日曜2時から始まる予定です。

2

(1) ④　(2) ①　(3) ③　(4) ②

A: 会議の準備は終わりましたか。
B: すみません。これからしようと思います。
A: メールは送りましたか。
B: はい、送りました。これから資料をプリントしようと思います。
A: 飛行機とホテルは予約しましたか。
B: いいえ、まだです。今日中にしようと思います。

A: 休暇届は出しましたか。
B: はい、さっき出しました。よろしくお願いします。

손으로 쏙쏙

(1) 仕事をやめようかと思っています。
(2) これからどうするつもりですか。
(3) 飛行機は9時に着く予定です。

눈으로 척척

코바야시 선배
늘 신세 많이 지고 있습니다. △△학과 3학년 김수진입니다.
다음 주 여동생 결혼식이 있어서 한국에 다녀오겠습니다.
9월 11일 토요일에 결혼식이라서 전날에 갈 예정입니다. 그래서 10일 금요일 스터디에 참가할 수 없을 것 같습니다. 리포트는 일요일 저녁까지 작성하려고 합니다.
그럼, 잘 부탁드리겠습니다.
김수진

(1) ✕
　　김 씨는 다음 달 한국으로 돌아갑니다.
(2) ✕
　　리포트는 한국에 가기 전날까지 제출할 예정입니다.

4

デザインもいいし、値段も安いですね。
디자인도 좋고, 가격도 싸네요.

입에 착착

1 🎧 **11**

(1) この漢字は日本語で何と言いますか。
→「しょうゆ」と言います。

(2) この漢字は日本語で何と言いますか。
→「とうがらし」と言います。

2

(1) この質問が失礼かどうか分かりません。

(2) 間違いがないかどうか分かりません。

3

(1) A : 旅行はどうでしたか。
B : 天気もよかったし、食べものもおいしかったです。

(2) A : あのレストランはどうでしたか。
B : 店員も親切だったし、値段も高くなかったです。

(3) A : このワインバーはどうでしたか。
B : 雰囲気もよかったし、種類もたくさんでした。

(4) A : 出張はどうでしたか。
B : 会議も多かったし、移動も大変でした。

귀에 쏙쏙

1 🎧 **12**

(1) この漢字は日本語で「胡椒」(こしょう)と言います。

(2) 今夜のパーティーに美香さんも来るかどうか分かりません。

(3) おいしいかどうかわからないけど、頑張って作ったよ。

2

(1) ⓑ , ⓔ　　(2) ⓕ , ⓑ
(3) ⓒ , ⓖ , ⓗ　　(4) ⓐ , ⓓ

(1) A : このカメラはどう思いますか
B : ⓑ値段も高いし、ⓔ使い方も難しいですよ。

(2) A : このレストランはどうでしたか。
B : ⓕ店員も親切じゃなかったし、ⓑ値段も高かったです。最悪でした。

(3) A : この家はどう思いますか。
B : ⓒ駅から近くてⓖ交通も便利だし、ⓗスーパーも近くにあるしいいですね。

(4) A : 新しい車はどうですか。
B : ⓐエンジンも静かだし、ⓓ丈夫だし、とてもいいですよ。

손으로 쏙쏙

(1) この漢字は塩と言います。

(2) 彼も来るかどうかわからない。

(3) この服はデザインもいいし、値段も安いです。

눈으로 척척

일본에는 한국과 같은 향신료가 많이 있습니다. '소금', '설탕', '후추', '고추', '마늘', '생강' 등입니다. 라면집이나 가게에는 이런 한자가 있으면 전부 읽을 수 있습니까? '소금'은 '시오', '후추'는 '코쇼'라고 말합니다. 둘을 합해 '시오코쇼'라고도 합니다. 맛이 연할 때 사용하는 것입니다. 한국에서는 '나물'의 맛가미 시 자주 사용하고, '치킨'의 종류에도 '마늘'을 자주 사용합니다. 일본에서는 '된장국'에도 넣고, '쇼가야키'도 있어서 '생강'을 자주 사용합니다.

(1) ○
한국에서는 맛을 가미할 때 '마늘'을 자주 사용합니다.

(2) ✕
맛이 연할 때에는 '설탕'을 넣습니다.

5

誕生日に何をもらいましたか。
생일에 무엇을 받았습니까?

입에 착착

1 🎧 14

(1) ① 山田さんは私に日本の本をくれました。
② 私は山田さんに日本の本をもらいました。

(2) ① 本田さんは私にワインをくれました。
② 私は本田さんにワインをもらいました。

2

(1) に (2) が (3) に (4) に

(1) 会社の同僚にお土産をもらいました。
(2) これは誕生日に娘がくれた手紙です。

(3) もうすぐバレンタインデーだから、チョコレートを作って彼氏にあげようと思っています。
(4) 昨日友達にもらったキーホルダーをなくしてしまいました。

3

(1) だけ (2) ばかり (3) だけ (4) ばかり

(1) 今日スタディーには三浦さんだけ参加しました。
(2) 毎日お酒ばかり飲んではいけません。
(3) スーパーで豆腐だけ買ってきてください。
(4) ここ一か月雨ばかり降っています。

귀에 쏙쏙

1 🎧 15

(1) ビルの中に入ってください。
(2) ウイルスが世界中に広がっています。
(3) レポートは今週中に出してください。

2

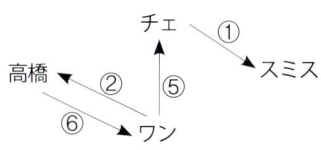

チェ : ワンさん、昨日はありがとうございました。ちょうど最近寒くなってハーブティを飲みたかったです。

高橋　：ハーブティ？
チェ　：はい。少し風邪気味(かぜぎみ)だったので、昨日ワンさんからもらいました。
ワン　：私こそお礼(れい)が遅(おそ)くなりました。高橋さんがくれた風鈴(ふうりん)とてもうれしかったです。
高橋　：だからメッセージカードをさっきくれたんですよね。ありがとうございます。
スミス：私も先月チェさんからもらったキーホルダー、大事(だいじ)に使っています。ありがとうございます。

손으로 쓱쓱

(1) ワンさんは迫田さんにチョコレートをあげました。
(2) 午前中に電話します。
(3) 誕生日に何をもらいましたか。

눈으로 척척

1월 1일, 일본의 정월에 대해 알고 있습니까?
정월 중에서도 아이들은 'お年玉(요즘의 세뱃돈)'을 받는 큰 이벤트를 즐겁게 기다립니다. 옛날에는 돈이 아니라, 성인이나 아이도 떡을 받기도 했습니다. 그리고 お年玉에는 새로운 영혼을 넣어서 건네준다는 특별한 의미가 있습니다. 아버지가 신에게 받은 お年玉를 돈이나 장난감으로 바꿔서 자녀들에게 준다는 의미에서 시작되었습니다. 덕분에 1년간 가족 모두 건강하게 잘 지낼 수 있다고 믿었습니다.

(1) ✕
　　요즘에는 お年玉(요즘의 세뱃돈)로 떡을 받는다.
(2) ○
　　옛날에는 어른이나 아이도 お年玉(요즘의 세뱃돈)를 받은 적이 있다.

6

友だちがてるてる坊主を作ってくれました。

친구가 '테루테루보즈'를 만들어 주었습니다.

입에 착착

1 🎧 **17**

(1) ①山田さんは私に日本の本を貸してくれました。
　　②私は山田さんに日本の本を貸してもらいました。
(2) ①本田さんは私にワインを送ってくれました。
　　②私は本田さんにワインを送ってもらいました。

2

(1) A：すみません、ちょっと荷物を持ってくれませんか。
　　B：ええ、いいですよ。
(2) A：すみません、ちょっと宿題を手伝ってくれませんか。
　　B：ええ、いいですよ。
(3) A：すみません、ちょっとペンを貸してくれませんか。
　　B：ええ、いいですよ。
(4) A：すみません、ちょっと本を見せてくれませんか。
　　B：ええ、いいですよ。

3

(1) 引(っ)越しを手伝ってくれてありがとうございます。

(2) いい人を紹介してくれてありがとうございます。

(3) 日本語の作文を直してくれてありがとうございます。

(4) この間、傘を貸してくれてありがとうございます。

귀에 쏙쏙

1 🎧 18

(1) 佐藤さんが私に日本語を教えてくれました。

(2) すみませんが、ちょっと見てくれませんか。

(3) 私は渡辺さんに駅まで送ってもらいました。

2

(1) 彼氏 – ⓓ　　(2) 先輩 – ⓑ

(3) 会社の同僚 – ⓒ　　(4) 妹 – ⓐ

(1) 彼氏は毎年、誕生日に花束を買ってくれます。

(2) 先輩が私のためにわざわざワインを買ってくれました。

(3) 会社の同僚に手袋を買ってもらいました。

(4) 妹にケーキを作ってもらいました。

손으로 쏙쏙

(1) 私は千秋さんに本をプレゼントしてあげました。

(2) 母が私に日本料理の作り方を教えてくれました。

(3) 私はキムさんに傘を貸してもらいました。

눈으로 쏙쏙

[앙케트]
애인에게 차인 친구에게 뭐라고 말을 걸 수 있습니까?
토야마　：'시간이 해결해 줄 거야'라고 말해주고 싶다.
야마모토　：'내 앞에서 울어도 괜찮으니까'라고 격려해 주고 싶다.
키타가와　：'기분전환하러 어딘가 가자'라고 권하겠다.
이시하라　：그저 말을 들어주고 싶다.

(1) ○
차인 친구에게 '격려해 주고 싶다'고 답한 사람이 있다.

(2) ×
차인 친구에게 아무 말도 하지 않는 것은 좋지 않다고 답한 사람이 있다.

7

天気が良ければ、ドライブに行きたいです。
날씨가 좋으면, 드라이브하러 가고 싶어요.

입에 착착

1 🎧 20

(1) A : 車が故障したんですが、どうすればいいですか。

B : 修理に出せばいいですよ。

(2) A : 寝坊したんですが、どうすればいいですか。

B : タクシーに乗ればいいですよ。

(3) A : 風邪を引いたんですが、どうすればいい
　　　ですか。
　　B : 薬を飲めばいいですよ。
(4) A : 名刺を忘れたんですが、どうすればいい
　　　ですか。
　　B : 課長に聞けばいいですよ。

2

(1) もうすぐ会議ですから、資料を配らなければなりません。
(2) 目上の人とお酒を飲む時は横を向いて飲まなければなりません。
(3) 明日、人間ドックですから、早く帰らなければなりません。
(4) 急に休みを取る時は理由をきちんと説明しなければなりません。

귀에 쏙쏙

1 🎧 21

(1) 日本語は勉強すればするほど面白いです。
(2) この場合はどうすればいいですか。
(3) タバコをやめなければなりません。

2

(1) ○　(2) ○　(3) ✗　(4) ✗

(1) パソコンは軽ければ軽いほどいいです。
(2) ピアノは練習すればするほど上手になります。

(3) 家で毎日料理をしなければなりません。
(4) レポートが明日まで出さなければなりません。

손으로 쓱쓱

(1) 天気がよければドライブに行きたいです。
(2) 安ければ安いほどいいです。
(3) 今日は早く家へ帰らなければなりません。

눈으로 척척

갑자기 5kg이나 살이 쪄서 다이어트를 하고 있다. 친구나 헬스장 선생님 등이 여러 조언을 해 주었다.

켄　　　　　　: '리나, 밤늦게 안 먹으면 살 뺄 수 있을 거야.'
마리　　　　　: '아무것도 안 먹으면 건강에 나빠.'
스즈에　　　　: '칼로리가 낮은 것을 먹으면 돼.'
헬스장 선생님 : '리나 씨, 매일 운동하면 살 뺄 수 있어요.'

그 밖에 무엇을 조심하면 되는지 조금 더 생각해 보자.

(1) ✗
　　요즘 리나는 다이어트에 성공했다.
(2) ○
　　리나는 주변 사람으로부터 조언을 받았다.

8

ユキさんは最近恋愛しているそうです。
유키 씨는 요즘 연애하고 있다고 합니다.

입에 착착

1 🎧 23

(1) A : ニュースによると、来週から梅雨だそうです。
　　B : そうなんですか。

(2) A : ニュースによると、犯人がつかまったそうです。
B : そうなんですか。
(3) A : ニュースによると、明日はとても寒いそうです。
B : そうなんですか。
(4) A : ニュースによると、来月発売する新製品は便利だそうです。
B : そうなんですか。

2

(1) 時々、男らしい行動を見せるところが彼の魅力ですよ。
(2) 子供らしいアイデアを出してびっくりしました。
(3) 今年は大学生らしい生活をしようと思います
(4) どこへも行っていなくて、夏休みらしくないです。

귀에 쏙쏙

1 🎧 24

(1) 先輩は留学試験に合格したそうです。
(2) 今年の就職は難しいらしいです。
(3) 子供らしくないとかわいくないと思います。

2

(1) ⓑ　(2) ⓑ　(3) ⓓ　(4) ⓐ

来週の木曜日のテストは、英語ではなくて日本語になるそうです。テストの場所は教室ではなくて図書館だそうです。そして、テストは読んだり書いたりする試験ではなくて話す試験だそうです。英語のテストと同じく辞書が使えますが、ケータイなどの電子製品ではダメだそうです。

손으로 쓱쓱

(1) ニュースによると、明日は寒いそうです。
(2) 試験は難しいらしいです。
(3) 男らしい人です。

눈으로 척척

[분실물 알림]
어제저녁, 기무라 선생님이 학원 로비에서 지갑과 우산을 주웠다고 합니다. 신분증이 들어있지 않기 때문에 우선 접수처에 맡겼다고 합니다. 지갑이나 우산을 잃어버린 분(주인)은 접수처로 연락 주십시오.
— 레이와 XX년 4월 5일 ABC 학원장 —

(1) ○
지갑을 잃어버린 사람은 접수처에 전화하면 된다.

(2) ✕
접수처에서는 매주 지갑과 우산 등을 보관하고 있다.

9

暖かそうですね。
따뜻할 것 같아요. (따뜻해 보여요.)

입에 착착

1 🎧 26

(1) 車にぶつかりそうです。

(2) ボタンが取れそうです。

(3) 試合に勝ちそうです。

2

(1) 彼はやさしそうな人です。

(2) 彼は面白そうな人です。

(3) 彼は頭がよさそうな人です。

3

(1) A : 鈴木さんは何をしていますか。
B : 眠そうに仕事をしています。

(2) A : ハンナさんは何をしていますか。
B : 幸せそうに電話をしています。

(3) A : 福田さんは何をしていますか。
B : 忙しそうにメールを送っています。

(4) A : ジョンさんは何をしていますか。
B : 嬉しそうに笑っています。

귀에 쏙쏙

1 🎧 27

(1) 今にも雨が降りそうです。

(2) おいしそうなケーキですね。

(3) 彼は頭がよさそうです。

2

(1) まじめ、おもしろい

(2) 厳しい、やさしい

(3) 文句をたくさん言う、まじめ

(4) やさしい、無口

(1) A : その写真、誰ですか。
B : 彼氏です。
A : まじめそうな人ですね。
B : 写真はまじめそうに見えますが、本当は面白い人です。
A : そうなんですか。

(2) A : 誰の写真ですか。
B : 高校時代の先生です。
A : 厳しそうな人ですね。
B : 見た目は厳しそうだけど、実はとてもやさしい方です。
A : そうなんですか。

(3) A : その写真、誰ですか。
B : 会社の先輩です。
A : 文句をたくさん言いそうな人ですね。
B : 写真は文句をたくさん言いそうに見えますが、本当はまじめな人です。
A : そうなんですか。

(4) A：誰の写真ですか。
　　B：兄です。
　　A：やさしそうな人ですね。
　　B：見た目はやさしそうだけど、実は無口な人です。
　　A：そうなんですか。

손으로 쓱쓱

(1) 頭がよさそうです。
(2) 忙しそうですね。
(3) 明日晴れそうに(も)ないです。
　　（そうにもありません）

눈으로 척척

올해 여름방학에는 한국에 놀러 갔다 왔습니다. 매워 보이는 떡볶이나 마늘이 들어있는 치킨까지 여러 가지 음식이 있었습니다. 저는 그중에서도 '로제 떡볶이'가 가장 맛있었습니다. 뜨거운 걸 잘 못 먹기 때문에 조금 식히고 나서 먹었지만 그래도 맛있었습니다. 한국 친구에게 '다크 모카 칩 크림 프라푸치노'라고 하는 매우 달아 보이는 음료를 대접받았습니다. 일본에서는 그다지 마시지 않지만, 한정이었고 모처럼이라서 시험삼아 마셔보았습니다. 저는 역시 단 것을 잘 못 먹는다고 생각했습니다.

(1) ×
　　매워 보이는 요리는 잘 못 먹습니다.
(2) ○
　　달아 보이는 음료였지만 마셔보았다.

10

道が混んでいるみたいです。
길이 막히는 것 같습니다.

입에 착착

1 🎧29
(1) あのホテルは静かなようです。
(2) みんな帰ったようです。
(3) 留守のようです。

2
(1) 母は少女みたいに笑っています。
(2) 彼は死んだみたいに眠っています。
(3) 田中さんは電柱みたいに立っています。

3
(1) ブラウニーのような甘いものが食べたいです。
(2) アイフォーンのような新しいケータイがほしいです。
(3) マルチーズのようなかわいい犬が飼いたいです。
(4) 済州島のような海がきれいなところに住みたいです。

귀에 쏙쏙

1 🎧 30

(1) どうやら風邪を引いたみたいです。

(2) 日本のような島国は色々あります。

(3) キムヨナ選手みたいになりたいです。

2

(1) ○　(2) ✕　(3) ✕　(4) ○

(1) あの二人はいつも一緒にいますね。
　　仲が良いようです。

(2) 人があまりいないですね。
　　人気がないようです。

(3) 指輪が見えないですね。別れたみたいです。

(4) 今日も連絡が来たんですよ。
　　彼は私のことが好きみたいです。

손으로 쏙쏙

(1) 事故があったみたいです。
　　（事故があったようです。）

(2) 料理が上手みたいです。
　　（料理が上手なようです。）

(3) 留守みたいですね。
　　（留守のようですね。）

눈으로 척척

> 우리 반에는 유학생이 많이 있습니다. 모두 K-Pop에 빠져있는 것 같습니다. BTS나 BLACKPINK와 같은 가수 팬클럽에 가입한 사람도 몇 명 있습니다. 신곡이 나온 다음날에는 모두 눈이 판다처럼 되어 있습니다. 아무래도 새로운 앨범 곡을 밤늦게까지 반복해서 들은 것 같습니다. 한국 가수가 세계적으로 유명해져서 어쩐지 기쁩니다.

(1) ✕
　저는 한국 가수 팬클럽 회원입니다.

(2) ○
　반에 있는 유학생은 K-Pop을 좋아하는 것 같습니다.

11

バレンタインデーに告白されました。

밸런타인데이에 고백받았습니다.

입에 착착

1 🎧 32

(1) A : どうしたんですか。
　　B : 恋人に振られました。

(2) A : どうしたんですか。
　　B : 誰かに足を踏まれました。

(3) A : どうしたんですか。
　　B : 先輩に注意されました。

(4) A : どうしたんですか。
　　B : 泥棒に財布を取られました。

(5) A : どうしたんですか。
　　B : 母に大事な書類を捨てられました。

2

(1) 世界一愛される航空会社を目指しています。

(2) <Boys, be ambitious> は日本で「少年よ大志を抱け」と訳されます。

(3) 新製品の発表イベントはオンラインで開催されます。

(4) ハリーポッターは 1995 年にはじめて書かれました。

(5) この歌はカラオケでよく歌われます。

귀에 쏙쏙

1 🎧 33

(1) 弟にケーキを食べられました。

(2) 地下鉄で財布を盗まれました。

(3) テストは来週の水曜日に行われます。

2

(1) X　(2) ○　(3) ○　(4) X

(1) 母に朝 6 時に起こされました。

(2) 妹にデザートを食べられました。

(3) 外国人に英語で道を聞かれました。

(4) 恋人にふられました。

손으로 쏙쏙

(1) 友だちに来られて勉強できませんでした。

(2) 先生に注意されました。

(3) この人形は紙で作られました。

눈으로 척척

쿠도 : 저는 어제 도둑에게 돈을 도둑맞고 말았습니다. 타카하시 씨에게 경찰에 연락하는 게 좋다고 들었습니다. 저는 지금(부터) (경찰에) 연락하려 하고 있습니다.

케리 : 지난주 사촌동생이 소중한 카메라를 망가뜨려버렸습니다. 죤 씨에게 빨리 수리 맡기는 편이 좋다고 들었습니다. 오늘 수업이 끝나면 수리센터에 가려고 생각하고 있습니다.

(1) X

쿠도 씨는 훔쳐 간 돈을 찾았습니다.

(2) X

케리 씨는 죤 씨와 수리센터에 갈 겁니다.

12

何を習わせたいですか。
무엇을 배우게 하고 싶습니까?

입에 착착

1 🎧 35

(1) A : 親として何をさせたいですか。

　　B : 本をたくさん読ませたいです。

(2) A : 親として何をさせたいですか。

　　B : 一人で旅行させたいです。

(3) A : 親として何をさせたいですか。

　　B : 体にいい物を食べさせたいです。

(4) A : 親として何をさせたいですか。

　　B : ウォータースポーツをさせたいです。

(5) A : 親として何をさせたいですか。

　　B : 通信教育をさせたいです。

2

(1) 海外出張に一人で行かせられるかもしれません。

(2) 社員旅行に行って、みんなの前で歌わせられるかもしれません。

(3) 二次会でお酒を飲ませられるかもしれません。

(4) 今月中に会社を辞めさせられるかもしれません。

(5) 保険に加入させられるかもしれません。

귀에 쏙쏙

1 🎧 **36**

(1) 明日は休ませてください。

(2) 母は私に毎日牛乳を飲ませました。

(3) 先輩にお酒を飲ませられました。

2

(1) X　(2) ○　(3) X　(4) ○

(1) (2) : 私 여자　(3) (4) : 私 남자

(1) 昨日、私は飲み会で先輩にお酒を飲ませました。

(2) 週末、兄に掃除させられました。

(3) 給料日の日、私は彼女に高いかばんを買わせました。

(4) 私はいつも彼女に重い荷物を持たせられています。

손으로 쏙쏙

(1) 何を習わせたいですか。

(2) もう少し考えさせてください。

(3) 会社を辞めさせられるかもしれません。

눈으로 척척

저는 어렸을 적부터 어쩔 수 없이 피아노를 배웠습니다. 처음에는 매일 가고 싶을 정도로 재미있었습니다. 고등학생이 될 때까지 주 2회씩 피아노 교실에 (타의로) 다녔습니다. 점점 어려워지기도 했고, 친구들과 놀지 못해서 질려버렸습니다. 하지만, 음악 테스트에서 좋은 점수를 받을 수 있어서 도움이 된 적도 있습니다. 그래서 저도 부모가 되면 자녀에게 피아노가 아니어도 악기 하나 정도는 배우게 하고 싶습니다.

(1) X
피아노를 (어쩔 수 없이) 배웠기 때문에, 내 자식에게는 배우게 하고 싶지 않다.

(2) ○
주 2회 피아노 학원에 (어쩔 수 없이) 다닌 적이 있다.

13

少々お待ちください。
잠시만 기다려주십시오.

입에 착착

1 🎧 **38**

(1) いつ韓国へいらっしゃいましたか。

(2) 先生はどんな料理を召し上がりましたか。

(3) 社長はこの映画をご覧になりましたか。

(4) 部長はこの作品をご存じですか。

(5) 先輩、先生がさっき何とおっしゃいましたか。

2

(1) 私は日本語を勉強しております。

(2) 先生の作品はもう拝見しました。

(3) 一度お目にかかりたいですが。

(4) 私ももちろん存じております。

(5) 失礼いたします。

3

(1) ⓓ　(2) ⓒ　(3) ⓕ

(4) ⓑ　(5) ⓐ　(6) ⓔ

(1) 社長はいらっしゃいますか。

(2) お待たせいたしました。すぐご案内します。

(3) すみません。
ちょっとペンをお借りしたいんですが。

(4) お電話かわりました。
店長の野村でございます。

(5) お客様、こちらをお使いください。

(6) はじめまして。田中と申します。

귀에 쏙쏙

1 🎧 **39**

(1) この番組はご覧のスポンサーの提供でお送りします。

(2) 一緒にお持ちしましょうか。

(3) またご利用ください。

2

(1) ⓒ　(2) ⓐ　(3) ⓑ　(4) ⓓ

(1) A : 社長、今月のカタログをお持ちしました。
B : うん、ありがとう。

(2) A : 当社の新製品は何かご存知ですか。
B : はい、存じております。

(3) A : すみません、ちょっとペンをお借りしたいんですが。
B : どうぞ、こちらをお使いください。

(4) A : では、社長。お先に失礼いたします。
B : お疲れ様です。

손으로 쓱쓱

(1) 少々お待ちください。

(2) すぐご案内いたします。
（＝します）

(3) いつ韓国へいらっしゃいましたか。
（＝来られましたか）

눈으로 척척

(주식회사) ABC 상사 담당자분

처음 연락드립니다. 이치니산 물산의 이영수라고 합니다. 이번 4월 29일에 귀사의 설명회가 있는 것을 알게 되었습니다. 꼭 참석하고 싶습니다만, 지금이라도 신청이 가능할까요? 회신을 주신다면 감사하겠습니다.
번거로우시겠지만, 모쪼록 잘 부탁드립니다.

이치니산 물산 이영수

(1) ×
ABC 상사 사람이 이치니산 물산 사람에게 보낸 메일입니다.

(2) ×
신청은 4월 29일까지입니다.

- **이미지 출처**

    137p.   https://terms.naver.com
    147p.   https://quizjapan.com/2019/12/23/post-9432/
             https://news.yahoo.co.jp/byline/fukuwanobuo/20190212-00114491
             https://www.jiji.com/jc/d4?p=knj120-jpp01055941&d=d4_dd

기초부터 심화까지 체계적인 일본어 학습서

워크북

글로벌 인재를 위한, 제2외국어 교육의 선두주자 ECK Books

워크북 QR 코드 제공 MP3 다운로드 동영상 강의(유료)

· 워크북 ·

第1課　いい人だったけど、私のタイプじゃなかった。

단어 및 표현

昨日(きのう)	어제	質問(しつもん)	질문
合(ごう)コン	미팅	俳優(はいゆう)	배우
交換(こうかん)	교환	演技(えんぎ)	연기
思(おも)い出(で)	추억	旅行(りょこう)	여행
～けど	～(이)지만	面接(めんせつ)	면접
タイプ	선호하는 스타일	店員(てんいん)	점원
忙(いそが)しい	바쁘다	味(あじ)	맛
難(むずか)しい	어렵다	出張(しゅっちょう)	출장
辛(から)い	맵다	大変(たいへん)	힘들다
あまり	그다지, 별로	やりがい	보람
きれいだ	예쁘다, 깨끗하다	店(みせ)	가게
交通(こうつう)	교통	令和(れいわ)	일본의 연호
簡単(かんたん)	간단	先日(せんじつ)	요전 날
デジカメ	디카 (디지털카메라)	コスパ	가성비
必要(ひつよう)	필요	優(やさ)しい	상냥하다, 친절하다
雰囲気(ふんいき)	분위기	満足(まんぞく)	만족

주요 문형

01 い형용사의 활용 (2)

	い형용사의 활용	예	
기본형	~い	おいしい。	맛있다.
과거형	~ⓘ + かった(です)	おいしかった。 おいしかったです。	맛있었다. 맛있었습니다.
과거 부정형	~ⓘ + くなかった くありませんでした	おいしくなかった。 おいしくありませんでした。	맛있지 않았다. 맛있지 않았습니다.

💡 おいしい : い형용사의 기본형은 「い」로 끝나며, 어미 「い」를 변화시켜 활용한다. 과거형인 「かった」
(어간)(어미) 와 과거부정형인 「くなかった」는 단독으로 사용할 경우 주로 친한 사이나 아랫사람에게
사용한다. 이런 반말의 형태를 「です・ます체」와 대비되는 「普通体(보통체)」라고 부르며,
「~と思う」, 「~と言う」, 「~んです」 등의 문형을 활용할 때 사용한다.

02 な형용사의 활용 (2)

	な형용사의 활용	예	
기본형	~だ	便利だ。	편리하다.
과거형	~ⓓ + だった でした	便利だった。 便利でした。	편리했다. 편리했습니다.
과거 부정형	~ⓓ + じゃなかった じゃありませんでした	便利じゃなかった。 便利じゃありませんでした。	편리하지 않았다. 편리하지 않았습니다.

💡 명사의 과거형, 과거부정형 활용도 な형용사와 동일하다.
　　いい人だった。　　　　　좋은 사람이었다.
　　いい人じゃなかった。　　좋은 사람이 아니었다.

第2課　漢字が読めるようになりました。

단어 및 표현

- もうすぐ — 이제 곧
- 送(おく)る — 보내다
- やっぱり — 역시
- まだ — 아직
- ゆっくり — 천천히, 여유 있게
- 一人(ひとり)で — 혼자서
- 自転車(じてんしゃ) — 자전거
- ～に乗(の)る — ~을/를 타다
- 漢字(かんじ) — 한자
- 両替(りょうがえ) — 환전
- 充電(じゅうでん) — 충전
- チェックイン — 체크인
- おもちゃ — 장난감
- 焼酎(しょうちゅう) — 소주
- ～なら — ~라면
- 少(すこ)し — 조금
- 卒業式(そつぎょうしき) — 졸업식
- 弾(ひ)く — 치다, 연주하다
- 納豆(なっとう) — 낫또
- 牛乳(ぎゅうにゅう) — 우유
- 習(なら)いはじめる — 배우기 시작하다
- 聞(き)き取(と)る — 알아듣다
- 字幕付(じまくつ)き — 자막 달림
- 全然(ぜんぜん) — 전혀
- 変換(へんかん) — 변환
- 使(つか)う — 사용하다
- メッセージ — 메시지
- やりとり — 주고받음
- 結構(けっこう) — 꽤
- 自信(じしん) — 자신
- 混(ま)ぜる — 섞다
- 上手(じょうず)に — 잘, 능숙하게

주요 문형

01 가능 표현 (1)

그룹	규칙	예시
1그룹	・う단(모음) → え단(모음) + る	会う → 会える 行く → 行ける 脱ぐ → 脱げる 話す → 話せる 待つ → 待てる 死ぬ → 死ねる 呼ぶ → 呼べる 飲む → 飲める 乗る → 乗れる 帰る★1 → 帰れる
2그룹	① ~る + ↓ ② い, え단 ・~る → られる	み(る) → 見られる た(べる) → 食べられる おき(る) → 起きられる
3그룹	・する → できる ・くる → こられる	運転する → 運転できる 来る → 来られる

💡 동사의 가능형 앞에는 '을/를'의 의미인 조사 「を」 대신 「が」가 온다는 점에 주의!

02 가능 표현 (2)

- 동사의 기본형 + ことができる(できない) : ~할 수 있다 (할 수 없다)

💡 명사 + ~ができる : ~을 할 수 있다, ~을 잘하다

03 동사의 가능형 + ~ようになる ~할 수 있게 되다

第3課　週末はゆっくり休もうと思います。

단어 및 표현

- お疲れ様です　　고생 많습니다, 수고 많아요
- 連休　　연휴
- 会議　　회의
- 準備　　준비
- ～って　　～라는 것은, 은/는
- 流行る　　유행하다
- 泊まる　　묵다
- 味わう　　맛보다
- 今度　　이번, 돌아오는
- チャレンジ　　챌린지, 도전
- 仕事　　일
- 辞める　　그만두다
- 試験を受ける　　시험을 보다
- 以降　　이후
- 決勝戦　　결승전

- 休暇届　　휴가서
- 提出　　제출
- お祝い　　축하
- お買いもの　　쇼핑, 장보기
- 給料日　　월급날
- 終わる　　끝나다, 마치다
- 資料　　자료
- 今日中　　오늘 중
- 出す　　제출하다
- 先輩　　선배
- お世話になっています　　신세 많이 지고 있습니다, 늘 감사합니다
- 学科　　학과
- 結婚式　　결혼식
- 参加　　참가
- 作成　　작성

주요 문형

01 동사의 의지형 ~해야지 [의지] / ~하자 [권유]

그룹	규칙	예시		
1그룹	•う단(모음) → お단(모음) + う	会う	→	会おう
		行く	→	行こう
		話す	→	話そう
		待つ	→	待とう
		呼ぶ	→	呼ぼう
		飲む	→	飲もう
		乗る	→	乗ろう
		帰る ★1	→	帰ろう
2그룹	① ~る ② い, え단 •~る → よう	みる	→	見よう
		たべる	→	食べよう
		おきる	→	起きよう
3그룹	•する → しよう •くる → こよう	勉強する	→	勉強しよう
		来る	→	来よう

💡 혼자 다짐 : ~해야지 (의지형), 두 명 이상 : ~하자 (권유형)

02 동사의 의지형 + ~と思う ~하려고 생각하다

💡 ~と思う : 해당 시점의 의지 표현   ~と思っている : 과거부터 현재까지 계속되는 의지 표현
　 의지형 + ~かと思う : ~할까 하다

03 동사의 기본형 + つもりだ ~할 작정이다/생각이다

💡 자신의 의지나 계획이 이미 확고할 때 주로 사용! (지금 결정된 것에 사용 X)
　 [부정형] ~ない + つもりだ : ~하지 않을 작정/생각이다

04 동사의 기본형 + 予定だ ~할 예정이다

💡 말하는 사람의 의지 X (사무적 사항), 스케줄이 구체적으로 정해졌을 때 사용.

워크북 **7**

第4課　デザインもいいし、値段も安いですね。

단어 및 표현

できる	생기다, 할 수 있다
寄(よ)る	들르다
展示会(てんじかい)	전시회
最高(さいこう)	최고
一回(いっかい)	1회
割引券(わりびきけん)	할인권
使(つか)う	사용하다
安(やす)い	싸다
買(か)う	사다
値段(ねだん)	가격
新(あたら)しい	새롭다
悩(なや)む	고민하다
服(ふく)	옷
彼女(かのじょ)	그녀, 여자친구
出(で)かける	외출하다
お寿司(すし)	초밥
漢字(かんじ)	한자
醤油(しょうゆ)	간장
唐辛子(とうがらし)	고추
契約(けいやく)	계약
更新(こうしん)	갱신
間違(まちが)い	실수
遅刻(ちこく)	지각
種類(しゅるい)	종류
移動(いどう)	이동
香辛料(こうしんりょう)	향신료
塩(しお)	소금
砂糖(さとう)	설탕
胡椒(こしょう)	후추
合(あ)わせる	합하다
薄(うす)い	연하다
〜(の)ような+명사	〜같은 명사
味付(あじつ)け	맛을 가미함
入(い)れる	넣다
生姜焼(しょうがや)き	생강 베이스 돼지고기구이

주요 문형

01 보통형의 종류와 활용

보통형					
	동사	雨が	降る	비가 내리다	[현재 긍정]
			降らない	내리지 않는다	[현재 부정]
			降った	내렸다	[과거 긍정]
			降らなかった	내리지 않았다	[과거 부정]
	い형용사	忙し	い	바쁘다	[현재 긍정]
			くない	바쁘지 않다	[현재 부정]
			かった	바빴다	[과거 긍정]
			くなかった	바쁘지 않았다	[과거 부정]
	な형용사	好き	だ	좋아하다	[현재 긍정]
			じゃない	좋아하지 않는다	[현재 부정]
			だった	좋아했다	[과거 긍정]
			じゃなかった	좋아하지 않았다	[과거 부정]
	명사	学生	だ	학생이다	[현재 긍정]
			じゃない	학생이 아니다	[현재 부정]
			だった	학생이었다	[과거 긍정]
			じゃなかった	학생이 아니었다	[과거 부정]

①	～と思う	～(라)고 생각하다, ～(인) 것 같다	…Step2 13과 p.149
②	～かもしれない	～(일)지도 모른다	…Step2 6과 p.79
③	～と言う	～라고 하다/말하다	
④	～かどうか	～(일)지 어떨지, ～할지 말지	
⑤	～し	～(이)고, ～인 데다가	

02 보통형 + ～と言う ～라고 하다/말하다

03 보통형 + かどうか ～(일)지 어떨지, ～할지 말지

04 ～し ～(이)고, ～인 데다가

> 💡 **명사 활용에 주의!**
> 今日は雨だし、出かけたくないよ。   오늘은 비이고(비도 오고), 외출하고 싶지 않아.

워크북 **9**

第5課　誕生日に何をもらいましたか。

단어 및 표현

遅い	늦다	豆腐	두부
ミュージカル	뮤지컬	ここ一か月	최근 한 달간
〜し	〜(이)고, 〜인 데다가	お年玉	세뱃돈
なかなか	좀처럼 (〜않다)	楽しく	즐겁게
予約を取る	예약을 잡다	お餅	떡
勤める	근무하다	魂	영혼, 정신
知り合い	지인	渡す	건네다
嬉しい	기쁘다	特別	특별
スタバ	스벅 (스타벅스의 줄임말)	始まる	시작되다
ギフトカード	기프트카드	変える	바꾸다
お小遣い	용돈	生きていく	살아가다
花束	꽃다발	信じる	믿다
指輪	반지	健康に	건강하게
建物	건물	意味	의미
後で	나중에	おかげで	덕분에
混乱	혼란		

주요 문형

01 수수동사 (Give & Take 동사) (1)

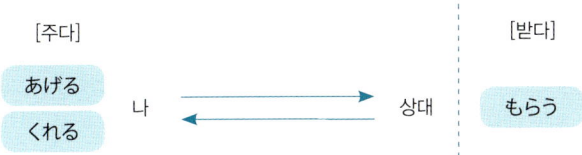

- 동물의 먹이, 식물의 물 / 손아랫사람 : やる(あげる의 의미)
- 다른 사람 → 다른 사람 : あげる
- 다른 사람 → 우리 가족 ┐
  　　　　　　나의 동료 ┘ くれる

あげる : (내가 남에게)/(A가 B에게) 주다

くれる : (남이 나에게)/(다른 사람이 가족, 동료에게) 주다

もらう : 받다

02 だけ / ばかり ～뿐, ～만

💡 Aだけ　: A 이외 존재 X (수량 한정)
　Aばかり : A의 양이 多 (종류 한정), 주로 불만이나 불평에 자주 사용.

03 中의 다양한 의미 ① 안, 속　② ～하는 중　③ 전체

第6課　友だちがてるてる坊主を作ってくれました。

단어 및 표현

- 作る — 만들다
- 人形 — 인형
- 曇りの日 — 흐린 날
- 窓 — 창문
- そば — 옆
- 置く — 두다, 놓다
- 次の日 — 다음날
- 晴れる — 맑다, 개다
- 小学校 — 초등학교
- 以来 — 이후로
- 案内 — 안내
- 教える — 가르치다
- 考える — 생각하다
- 辞書 — 사전
- 貸す — 빌려주다
- わざわざ — 일부러
- 紹介 — 소개
- 野菜 — 야채
- 留学 — 유학
- 止まる — 멈추다
- 荷物 — 짐
- 持つ — 들다
- 手伝う — 돕다
- 見せる — 보여주다
- 引(っ)越し — 이사
- 作文 — 작문
- 直す — 고치다
- 解決 — 해결
- 励ます — 격려하다
- 気分転換 — 기분전환
- 誘う — 권유하다
- 答える — 답하다

주요 문형

01 수수동사 (Give & Take 동사) (2)

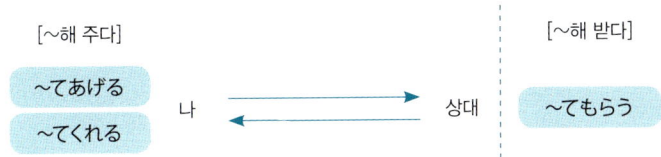

- 동물의 먹이, 식물의 물 / 손아랫사람 : やる(あげる의 의미)
- 다른 사람 → 다른 사람 : あげる
- 다른 사람 → 우리 가족 ┐
  　　　　　　 나의 동료 ┘ くれる

`~てあげる` : (내가 남에게)/(A가 B에게) ~해 주다

`~てくれる` : (남이 나에게)/(다른 사람이 가족, 동료에게) ~해 주다

`~てもらう` : ~해 받다

💡 '~해 받다'의 직역이 어색해서 한국어로 '~해 주다'와 같이 해석하면, 오히려 「てくれる」와 혼동되기 때문에 「てもらう」(~해 받다)의 일본어 다운 감각을 익히는 것이 좋다!

02 ~とか ~라든가/든지, ~ 등

💡 비슷한 사물이나 동작에 대해 2개 정도의 예를 들 때 사용!

03 ~ために ① ~ 위해서 [목적]   ② ~ 때문에 [원인, 이유]

第7課　天気が良ければ、ドライブに行きたいです。

단어 및 표현

- レポート — 리포트
- 今週末(こんしゅうまつ) — 이번 주말
- カーシェアリング — 카셰어링
- 楽(たの)しみ — 기대됨
- 家賃(やちん) — 집세
- 試験(しけん) — 시험
- ～(な)のに — ～인데도 (불구하고)
- 急(きゅう)に — 갑자기
- 太(ふと)る — 살찌다
- 故障(こしょう) — 고장
- 修理(しゅうり)に出(だ)す — 수리에 맡기다
- 寝坊(ねぼう)する — 늦잠 자다
- 風邪(かぜ)を引(ひ)く — 감기에 걸리다
- 名刺(めいし) — 명함
- 配(くば)る — 나눠주다
- 目上(めうえ)の人(ひと) — 손윗사람
- 横(よこ)を向(む)く — 옆을 보다
- 人間(にんげん)ドック — 건강검진 (종합 검사)
- 理由(りゆう) — 이유
- 説明(せつめい) — 설명
- 場合(ばあい) — 경우
- 悪(わる)い — 나쁘다
- 低(ひく)い — 낮다
- やせる — 야위다, 살이 빠지다
- 気(き)をつける — 주의하다
- 軽(かる)い — 가볍다

주요 문형

01 가정조건 표현 (〜ば) ~하면

동사	1그룹	・う단(모음) → え단(모음) + ば	会う 行く 話す 待つ 呼ぶ 飲む 乗る 帰る ★1	→ → → → → → → →	会えば 行けば 話せば 待てば 呼べば 飲めば 乗れば 帰れば
	2그룹	① 〜る + ② い, え단 ・〜る → れば	みる たべる おきる	→ → →	見れば 食べれば 起きれば
	3그룹	・する → すれば ・くる → くれば	勉強する 来る	→ →	勉強すれば 来れば

💡 '가정·조건 표현' 「と」, 「なら」, 「ば」, 「たら」 주로 사용되는 쓰임새 정리!

- AとB (〜하면, 〜더니) : 자연현상, 반복적인 습관, 기계 조작 … (Step2 p.148)

* 발견 용법 – <u>昨日デパートへ行くと</u>, <u>定休日だった</u>。 (と : 〜(하) 더니/〜(이)니까)
　　　　　　　 A (동작)　　　　　▶ B (결과)

- AならB (〜하면) : A에 대한 조언이나 의견 … (Step2 p.119)
- AばB (〜하면) : A 성립→B도 성립, A 성립 X→B도 성립 X
　　　　　　　속담이나 관용구
- AたらB (〜하면, 〜한다면, 〜더니, 〜하는 게 어때) : 쓰임이 가장 多 … (Step2 p.128)

02 〜ば…ほど ~하면 …할수록

💡 동사 　　: 〜ば … 사전형 ほど
　 い형용사 : 〜ば … 〜いほど
　 な형용사 : 〜ば … 〜なほど / 〜であれば … であるほど

03 〜なければならない ~하지 않으면 안 된다, ~해야 한다

第8課　ユキさんは最近恋愛しているそうです。

단어 및 표현

恋愛 (れんあい)	연애	
～によると	~에 의하면	
二次会 (にじかい)	2차 (모임, 회식)	
天気予報 (てんきよほう)	일기예보	
かなり	꽤	
場所 (ばしょ)	장소	
事故 (じこ)	사고	
梅雨 (つゆ)	장마	
犯人 (はんにん)	범인	
つかまる	붙잡다	
発売 (はつばい)	발매, 출시	
新製品 (しんせいひん)	신제품	
幼い頃 (おさないころ)	어렸을 때	
遅刻 (ちこく)	지각	
行動 (こうどう)	행동	
魅力 (みりょく)	매력	
びっくりする	놀라다	
生活 (せいかつ)	생활	
就職 (しゅうしょく)	취직	
方法 (ほうほう)	방법	
アプリ	앱	
タブレット	태블릿 PC	
忘れ物 (わすれもの)	분실물	
お知らせ	알림	
夕方 (ゆうがた)	저녁	
拾う (ひろう)	줍다	
身分証 (みぶんしょう)	신분증	
一応 (いちおう)	일단	
受付 (うけつけ)	접수(처)	
預ける (あずける)	맡기다	
持ち主 (もちぬし)	소유자, 주인	

주요 문형

01 そうだ (1) ~(라)고 하다 [전문]

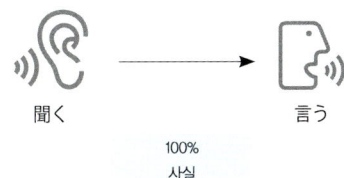

동사	
い형용사	보통형 + そうだ
な형용사	
명사	

💡 주로 「~によると」, 「~によれば」와 같이 사용!

02 らしい ~(인) 것 같다

동사	
い형용사	보통형 + らしい
な형용사	
명사	

💡 な형용사 현재형의 경우 「~だ」를 빼고 「~らしい」를 접속한다.

💡 らしい의 다른 용법!

　명사 + ~らしい : ~답다

　男(おとこ)らしい 남자답다　　女性(じょせい)らしい 여성답다　　子供(こども)らしい 아이답다

第9課　暖かそうですね。

단어 및 표현

- 暖かい　　따뜻하다
- 素材　　소재
- カシミヤ　　캐시미어
- そういえば　　그러고 보니
- 送別会　　송별회
- マフラー　　머플러
- 着こなしがうまい　　옷맵시가 좋다
- ベージュ　　베이지
- さっき　　아까
- 通りかかる　　마침 지나가다
- 疲れる　　피곤하다
- ボタンが取れる　　단추가 떨어지다
- 試合　　시합
- 勝つ　　이기다
- 厳しい　　엄하다
- 眠い　　졸리다
- 笑う　　웃다
- 見た目　　겉보기
- 無口　　과묵함
- 猫舌　　고양이 혀처럼 뜨거운 걸 잘 못 먹는 것
- 冷める　　식다
- 限定　　한정

주요 문형

01 そうだ (2) ～해 보이다, ～(일) 것 같다/듯하다 [양태]

동사	동사의 ます형 + そうだ	今にも雨が降りそうです。 금방이라도 비가 올 것 같다.
い형용사	~い + そうだ ＊주의: よさそうだ 좋을 것 같다 　　　なさそうだ 없을 것 같다	このケーキ、おいしそうです。 이 케이크, 맛있어 보인다.
な형용사	~だ + そうだ	田中さんは暇そうです。 다나카 씨는 한가한 것 같다.
명사		

💡 **주의!**

(1) 가장 좋아하는 연예인이 '눈' 앞에 등장했을 때,
'○○ 씨 같아요', '○○처럼 보여요' 사용하지 X! → 명사 + そうだ (양태)와 활용하지 X

(2) 눈으로 바로 확인할 수 있는 かわいい、きれいだ 등 역시 そうだ (양태) 활용하지 X

02 そうだ의 활용

~そうな + 명사	～해 보이는 ～(인) 것 같은	雨が降りそうな天気です。 비가 내릴 것 같은 날씨입니다. おいしそうなケーキです。 맛있어 보이는 케이크입니다. 暇そうな人です。 한가해 보이는 사람입니다.
~そうに + 동사	～해 보이게 ～(인) 것 같이	時間がなさそうに、時計を見ています。 시간이 없는 것 같이 시계를 보고 있습니다. おいしそうに食べています。 맛있어 보이게 먹고 있습니다. 暇そうにテレビを見ています。 한가한 듯 TV를 보고 있습니다.

03 そうだ의 부정

동사	동사의 ます형 + そうに(も)ない	まだ終わりそうに(も)ない。 아직 끝날 것 같지 않다.
い형용사	~い + そう じゃない 　そうだ　　부정 ~じゃない さそうだ 　부정　　　そうだ	おいしそうじゃない。 맛있을 것 같지 않다. ＝ おいしくなさそうだ。 맛있지 않을 것 같다.
な형용사	~だ + そう じゃない 　そうだ　　부정 ~じゃない さそうだ 　부정　　　そうだ	暇そうじゃない。　＝ 暇じゃなさそうだ。 한가할 것 같지 않다.　＝ 한가하지 않을 것 같다.

第10課　道が混んでいるみたいです。

단어 및 표현

- 向かう — 향하다
- 混む — 막히다
- 連休 — 연휴
- 救急車 — 구급차
- 音 — 소리
- 聞こえる — 들리다
- 渋滞 — 정체
- 先に — 먼저
- 頼む — 부탁하다, 주문하다
- 留守 — 부재중
- 少女 — 소녀
- 鳥 — 새
- 滑る — 미끄러지다
- 飼う — 기르다
- 島国 — 섬나라
- 留学生 — 유학생
- 加入 — 가입
- 新曲 — 신곡
- 繰り返す — 반복하다
- 世界的 — 세계적
- 何だか — 왜인지
- 会員 — 회원

주요 문형

01 ようだ / みたいだ ~(인) 것 같다, ~(일) 것 같다

	ようだ	みたいだ (회화체)
동사 い형용사	보통체 + ようだ	보통체 + みたいだ
な형용사	~~だ~~ + な + ようだ	~~だ~~ + みたいだ
명사	명사 + の + ようだ	명사 + みたいだ

02 ようだ / みたいだ의 활용

ような + 명사	まるでサウナの中にいるような天気です。 마치 사우나에 있는 것 같은 날씨입니다. まるでもみじのような手ですね。 마치 단풍 같은 손이군요. この地域は、たとえば柿や梨のような木が多くあります。 이 지역은 예를 들어 감이나 배와 같은 나무가 많이 있습니다.
ように + 동사	一瞬体が浮くように感じました。 그 순간 몸이 뜨는 것처럼 느껴졌습니다. 彼のように優秀な人材はいないと思います。 그와 같이 우수한 인재는 없을 것이라고 생각합니다.
みたいな + 명사	まるでサウナの中にいるみたいな天気です。 まるでもみじみたいな手ですね。 この地域は、たとえば柿や梨みたいな木が多くあります。
みたいに + 동사	一瞬体が浮くみたいに感じました。 彼みたいに優秀な人材はいないと思います。

第11課　バレンタインデーに告白されました。

단어 및 표현

- 告白(こくはく)　고백
- 仲良し(なかよし)　단짝 친구, 사이가 좋음
- 時々(ときどき)　때때로
- 誤解(ごかい)　오해
- 真剣(しんけん)(だ)　진지함
- 返事(へんじ)　답변
- 叱る(しかる)　꾸짖다
- 振る(ふる)　차다 (거절하다)
- 踏む(ふむ)　밟다
- 泥棒(どろぼう)　도둑
- 注意(ちゅうい)　주의
- 財布(さいふ)　지갑
- 書類(しょるい)　서류
- 捨てる(すてる)　버리다
- 宴会場(えんかいじょう)　연회장
- 世界一(せかいいち)　세계 제일
- 航空(こうくう)　항공
- 目指す(めざす)　목표로 하다
- 少年よ大志を抱け(しょうねんよたいしをいだけ)　소년이여 야망을 가져라
- 訳す(やくす)　번역하다
- 発表(はっぴょう)　발표
- 開催(かいさい)　개최
- いとこ　사촌
- 壊す(こわす)　망가뜨리다
- 見つかる(みつかる)　찾게 되다

주요 문형

01 동사의 수동형 ~함을 받다, ~해지다(당하다)

그룹	규칙	예시		
1그룹	・う단(모음) → あ단(모음) + れる	使う ★주의	→	使われる
		行く	→	行かれる
		脱ぐ	→	脱がれる
		話す	→	話される
		待つ	→	待たれる
		死ぬ	→	死なれる
		呼ぶ	→	呼ばれる
		飲む	→	飲まれる
		乗る	→	乗られる
		帰る ★1	→	帰られる
2그룹	① ~る + ② い, え단 ・~る → られる	みる	→	見られる
		たべる	→	食べられる
		おきる	→	起きられる
3그룹	・する → される ・くる → こられる	運転する	→	運転される
		来る	→	来られる

02 피해의 수동

💡 어색한 한국어 직역이나 일본어스러운 수동 표현 감각을 익히기!
나에게(~に) 해당 상황이 피해가 되는 경우 (降る, 泣く, 来る, 死ぬ) 주로 사용되며
수동형으로 바꾼 동작의 주체는 내가 아닌 것에 주의!

第12課　何を習わせたいですか。

단어 및 표현

- 数学（すうがく） 수학
- 通う（かよう） 다니다
- 覚え（おぼえ） 기억
- 親（おや） 부모
- 習う（ならう） 배우다
- 基本（きほん） 기본
- ウォータースポーツ 워터 스포츠
- 通信（つうしん） 통신
- 転勤（てんきん） 전근
- 保険（ほけん） 보험
- 幼い頃（おさないころ） 어렸을 적
- 飽きる（あきる） 질리다
- 点数（てんすう） 점수
- 役に立つ（やくにたつ） 도움이 되다
- 楽器（がっき） 악기

주요 문형

01 동사의 사역형   ~하게하다, 시키다 [강제, 허락]

그룹	규칙	예시		
1그룹	• う단(모음) → あ단(모음) + せる	使う ★주의	→	使わせる
		行く	→	行かせる
		脱ぐ	→	脱がせる
		話す	→	話させる
		待つ	→	待たせる
		死ぬ	→	死なせる
		呼ぶ	→	呼ばせる
		飲む	→	飲ませる
		乗る	→	乗らせる
		帰る ★1	→	帰らせる
2그룹	① ~る + ② い, え단 • ~る → させる	みる	→	見させる
		たべる	→	食べさせる
		おきる	→	起きさせる
3그룹	• する → させる • くる → こさせる	運転する	→	運転させる
		来る	→	来させる

02 동사의 사역수동형   (어쩔 수 없이, 억지로) ~하게 되다

		사역형	(수동형으로)	사역수동형
1그룹	行く	行かせる		行かせられる
2그룹	食べる	食べさせる	+られる	食べさせられる
3그룹	する	勉強させる		勉強させられる
	来る	来させる		来させられる

03 ~させてください   ~하게 해 주세요

第13課　少々お待ちください。

단어 및 표현

- 世話になる　　　　신세 지다
- お待たせする　　　오래 기다리게 하다
- 申し訳ありません　죄송합니다 (면목없습니다)
- かしこまりました　알겠습니다
- ぜひ　　　　　　　꼭
- 御社　　　　　　　귀사
- 申し込み　　　　　신청
- 手数をかける　　　번거롭게 하다
- 間に合う　　　　　시간에 맞다
- 返事　　　　　　　답장, 회신
- 幸いだ　　　　　　행복하다

주요 문형

01 경어(**敬語**)의 종류와 형태

: 나를 낮춰 말함 (동작=나)
예) 들어 드릴까요?, ~ 하겠습니다 …

: 상대를 높여 말함 (동작=상대)
예) 어서 오십시오, ~ 계십니다 …

02 특별한 존경어와 겸양어

		존경어 (↑)	겸양어 (↓)
行く	가다	いらっしゃる	まいる ★1
来る	오다	(いらっしゃいます)	
いる	있다		おる
食べる	먹다	召し上がる	いただく
飲む	마시다		
見る	보다	ご覧になる	拝見する
言う	말하다	おっしゃる (おっしゃいます)	申す・申し上げる
する	하다	なさる (なさいます)	いたす
知っている	알고 있다	ご存じだ	存じておる
知らない	모르다	ご存じじゃない	存じない
会う	만나다		お目にかかる
ある	있다		ござる (ございます)
訪ねる	방문하다		伺う
聞く	듣다		
あげる	주다		差し上げる
くれる	주다	くださる (くださいます)	
もらう	받다		いただく

핵심 문형과 중급 문법의
쉽고 빠른 일본어 학습서

※ 본 교재의 동영상 강의는 www.eckonline.kr에서 수강 가능합니다.